ファッショニスタだけが知っている
ワンランク上に見せるベーシックルール

Little Black Book

リトル・ブラック・ブック

SOFIE VALKIERS
ソフィー・ヴァルキエー

Discover

CHANEL

コンタクト
DMM mobile

株式会社
スミヤ

Contents

Chapter 2

〔世界のファッショニスタが教えてくれた〕
永遠に使える一流のベーシックルール

Column

Chapter 3

〔世界のファッショニスタが教えてくれた〕

毎日が楽しくなる究極のビューティーライフ

Column

Chapter 4

おまけ— 夢のファッションウィーク！

Chapter 0

Beginning

{ はじめに }

“パリで
味わった
おしゃれに
生きることの
楽しさ”

Fashionata

見習いシェフが憧れのスタイリストに

私の物語は、ベルギー・アントワープのとある厨房からはじまります。料理学校の夜間部に通いながら、昼間は企業経営を学び、1日中ずっと料理と勉強に明け暮れる日々。そして、卒業後はジョルジュ・サンクというパリのホテルでインターンシップをスタートしました。しかし、あまりの過酷な現実に自分のやりたいことがわからなくなってしまいました。

自分が人生をかけてやりたいことはいったいなにか。忙しい日々の合間に出会ったおしゃれなパリジェンヌ、グラン・パレのファッション展、ファッションウィーク……。パリが私のなかにあるファッションへの情熱に気づかせてくれました。「この情熱を誰かと分かち合いたい」、そう思ってネットを見ても、ベルギーのファッションブログは見つからず……。「ないなら自分でやるしかない！」と思い至り、

私の原点であるファッションブログ「ファッショナータ（Fashionata）」が誕生

（www.fashionata.com）

したのでした。

宣伝のために手づくりのチラシを街中で配ると、あたたかい応援をたくさんいただきました。世の中には、私と同じようにファッションに夢中な女性たちがたくさんいる……。それがわかったことが、なによりうれしく感じました。そしていままでは、ファッショナータの月間閲覧者数は約12万人。信じられません。

もちろん当初はブログで生計を立てられず、仕事をしながら、プライベートの時間にファッショナータを成長させていきました。そうするうちに、なんと雑誌社からスタイリストとしてのお仕事をいただいたのです。アパレルメーカーからもコラボレーションのお誘いが来るように。そして、仕事とブログを両立させて3年目。

ついに決断を下しました。「これからはブログを仕事にする！」と。夢にも思わなかった展開でした。

もし、将来について悩んでいる人がいたら、自信をもって伝えたいと思います。

「専門知識や経験がゼロの状態からスタートしても夢をかなえることができる」

ということを。

ただし、私はそこで自分にルールを課しました。クライアントだからという理由で、そのブランドの服を着てブログで宣伝するようなことは絶対しない、と。「私はこのブランドが好きか？　自分でお金をだして買おうと思うか？」と自問するのです。そして答えが「ノー」なら、話を進めません。一方的に送られてくる過分な贈り物も、すぐに送り返しています。何十年後、自分の孫にブログの話をするときが来たら、絶対に誇りをもって自分の達成したことを話したいのです。

そしていまはというと……。

自分のジュエリーコレクションをもつかたわら、ライフスタイル・ブランド〈サヌイ（SANUI）〉も立ち上げました。ベルギーのアパレルブランド〈エッセンシャル（Essentiel）〉の洋服のコレクションも手がけています。

私が出演するTV番組では、パリとニューヨークのファッションウィークを取材し、ダイアン・フォン・ファステンバーグやマーク・ジェイコブスといったトップデザイナーとの対談もさせてもらっています。

私はまさに夢のような日々を送っています。こうした数々の機会に恵まれたことに感謝しています。

Marc Jacobs

マーク・ジェイコブス

Diane Von Fürstenberg

ダイアン・フォン・ファステンバーグ

Jean-Paul Gaultier

ジャン＝ポール・ゴルチエ

Raf Simons

ラフ・シモンズ

Confidence

ファッションが自分に自信を与えてくれた

こうして突然、なんのキャリアももたずにファッションの世界へ飛び込んだ私について、「自分では買えないような高価な服や美しいモデルを目の当たりにして、尻込みしないのだろうか?」と不思議に思うかもしれません。でも、意外とそんなことはまったくないのです。

以前の私ならきっと部屋の隅で縮こまって隠れていたでしょう。でも、私は前よりずっと自己主張のできる人間になって、大勢の前で話すことも怖がらなくなりました。ファッションの仕事やブログが私の自信を高めてくれたのです。

さらに私は、「自分に厳しすぎてはいけない」ということを学びました。だからもうネガティブな考えにとりつかれなくなりました。きっとありのままの自分に満足できたとき、人はオーラを放つのです。

www.ima.tv

Chapter 1

世界のファッショニスタが教えてくれた

“正真正銘 ホンモノの ファッション センス”

Authentic Fashion Sense

Inspiration

映画と最新コレクションとPinterest《ピンタレスト》でセンスを磨く

まずは、いつの間にかセンスアップしてしまうカンタンな方法をご紹介します。意識さえすれば、あらゆるものからおしゃれのヒントが吸収できるのです。

#1 映画のヒロインから磨き抜かれた個性を学ぶ

映画を観るときはファッションにも注目してください。とくに個性際立つ往年の大女優が登場する古い映画には、けっして古びることのないおしゃれのエッセンスが満載です。当時のジェーン・バーキンやブリジット・バルドーのファッションは、何十年もの時を超えてもなおスタイリッシュで魅力にあふれています。

本物のセンスさえ身につければ、時の流れに影響されることはないということです。

#2
最新コレクションでだれよりもはやくトレンドをキャッチする

そして、すべてのトレンドが集結するのがランウェイです。『ヴォーグ（VOGUE）』（www.vogue.com）で、自分の好きなデザイナーの新しいコレクションを見て、次のシーズンに投資するべきアイテムを決めます。

#3
Pinterest《ピンタレスト》でスクラップブックをつくる

最近はスクラップブックを作るのも超簡単！ Pinterest《ピンタレスト》（jp.pinterest.com）でお気に入りの写真をクリップするだけで完了です！ なにを着ていいかわからないときは、サッとPinterest《ピンタレスト》を見ればＯＫ。

もちろん、ファッション誌もすばらしいインスピレーションの源です。私の机の上にはお気に入りの雑誌の切り抜きがたくさん飾ってあります。

ただし、見る目を養うには映像や写真を見るだけではなく、

「身の回りの人にもアンテナを張って〝生きたセンス〟を手に入れる」

ことも大事。

たとえば、電車を待つ10分間や、交通渋滞に巻き込まれた15分間などは、キョロキョロするのにもってこいの時間です。

おしゃれな女性を見つけたら、「素敵だなぁ～」と眺めるだけでなく、**「自分はその女性のどんなところがおしゃれで美しいと思うのか」**を具体的に考えてみましょう。

特に、自分と体型が似た人を見つけたら、どのようにその体型を生かせばいいかを客観的に学ぶチャンス！　こうしているうち、自然とセンスが身につきます。

Role Models
—PAST—

永遠のヒロインをお手本にすれば個性の磨き方がわかる

1

Jane Birkin
ジェーン・バーキン

フランスの女優・歌手

ふつうのTシャツを
スタイリッシュに着こなすセンスを学ぶ

もし60年代のジェーン・バーキンが、そのままの格好で現代のカフェに入ってきても、やはり皆の目をくぎ付けにするでしょう。時が経っても色褪せることのない普遍的なスタイルこそが、正真正銘のホンモノです。「あの時代にはおしゃれだったけど、いま見るとダサい」となるようでは、ホンモノのおしゃれとはいえません。

常に自然体で凛としているジェーン・バーキンは、シンプルな白Tシャツを、いさぎよくスタイリッシュに着こなしていました。

華やかな場にもゴージャスなドレスではなくあえてカジュアルなブラックドレスをえらび、巧みな小物づかいで夜のおでかけ用に。そんな彼女に出会ったエルメスが、バッグにバーキンの名を冠したのも驚きではありません。

これであなたも ジェーン・バーキン

* 長袖のリトル・ブラック・ドレス
* かぎ針編みのミニワンピース
* 定番の白Tシャツ
* 黒のタートルネック
* 先のとがったバレエシューズ
* バーキンバッグ
* さりげないゴールドチェーンのペンダント
* 情熱的なまなざしを演出するつけまつげ
* ヌードカラーの口紅
* フェミニンで控えめな香水

挑発的な色気たっぷり、子猫のように媚びないかわいさを放つブリジットは、世の男性を虜にしてはなさない〝天性の魔性の女〟。自由な雰囲気のなかに華やかさが漂うブリジットですが、実は、宝石、毛皮など豪華絢爛《けんらん》なものを嫌い、身近な服だけでその完璧なスタイルを完成させていたのです。

そんなブリジット式イージー・エレガンスは、くしゃっとしたルーズさがかわいい無造作ヘアに、太いリキッドアイライナー、ブレトン・ストライプ（フランス海軍が使っていた、スペースのあいた細いボーダー柄）のトップス、大きなサングラスで決まり！　南仏リゾートのサントロペで、バカンスを楽しむブリジットのように、ときにはセクシーで官能的《センシュアル》なスタイルをしてみませんか？

2

Brigitte Bardot

ブリジット・バルドー

フランスの女優・歌手

媚びない色気を醸《かも》す小悪魔ファッションテクを学ぶ

3

Coco Chanel

ココ・シャネル

フランスのファッションデザイナー

〝装いは知恵〟を体現する強くエレガントなスタイルを学ぶ

20世紀の女性のファッションに革命を起こした、ココ・シャネル。それまで男性用にしか使われてこなかったツイード素材を用いて〝女性のための紳士服〟を広めました。社会進出をはじめた女性たちへ向けて、動きやすく機能性の高い服をデザインしたのです。

ココ・シャネルの魅力

＊はじめは小さな靴下屋の売り子だったココ。そして、趣味で富裕層の婦人向けに帽子をつくりはじめます。お客たちがココの画期的なデザインの虜になるのに、そう時間はかかりませんでした

＊恋多きココの唯一の結婚相手は、彼女が情熱を注ぎ続けた〝ファッション〟

＊ココの名言 「男は子どものようなものだと心得ている限り、あなたはあらゆることに精通していることになるわ」

＊ココは、「日焼け」の流行を広めました。カンヌへのクルーズでは、何時間も日光浴をしたそうです

＊パリの超高級五ツ星ホテルのリッツを第２の自宅にしていました

＊好きな数字は５。有名な香水・シャネル No.5 は、試作品に５の番号がついていたことに由来しています。マリリン・モンローが愛用し、世の女性もこぞってふりかけるようになりました

Jacqueline Kennedy Onassis

4 ジャクリーン・ケネディ・オナシス

ジョン・F・ケネディ大統領夫人

清楚なお嬢様ルックを学ぶ

第35代米国大統領ジョン・F・ケネディのファーストレディ、ジャクリーン（通称：ジャッキー）のファッションは、ジャッキー・ルックと称され注目の的となりました。ジャッキーからは、シンプルなモノクロのコーディネートでも、ダイヤモンドをプラスするだけでエレガントな印象にできるということが学べます。

私が初めてオーバーサイズのサングラスを買ったのも、ジャッキーにインスパイアされたからです。

これであなたもジャクリーン・K・オナシス

＊いつも（日が照っていない日も！）大きなサングラスをします

＊トレンドは追いません。皆がミニスカートをはいていたら、パンツをはきます

＊最高のアクセサリー？それは愛する家族やすばらしい友です

5

Peggy Lipton

ペギー・リプトン

アメリカの女優・モデル

カジュアルな服をハイセンスに着こなすスキルを学ぶ

60年代末の人気警察ドラマ『モッズ特捜隊』を観た私は、思わずペギー・リプトンのことを何時間もかけてネット検索してしまいました。

Tシャツにジーンズ、ゴールドのフープ・イヤリングといったシンプルないでたちが最高にキマっているペギーを見て、ファッションは難しいことではないことに気づきました。レトロヒッピースタイルのペギーは、「セクシーはアウトよ」とインタビューで発言していましたが、センスの良いものやグルーヴィーなプリントをえらぶ目があるようです。

ミュージカル映画の名作『シェルブールの雨傘』で世界的スターとなったカトリーヌは、映画『昼顔』で、なんともすてきにイヴ・サンローランの服を着こなしています。トレードマークのハーフアップヘアはなんとも知的な気品が漂います。

ウエストがシェイプされたワンピースや女性用タキシード、黒のビニールのトレンチコート（ちなみにこれは、私もまだ探している最中です！）など、数々の美しい服が登場します。

Catherine Deneuve

カトリーヌ・ドヌーヴ

フランスの女優

6

カラフルな服を清楚に着こなす
大人ガーリースタイルを学ぶ

Role Models
MODERN

現代のファッショニスタをお手本にすればあか抜け洗練スタイルになれる

ケイト・モスは、既存の〝美の定義〟を自身のビジュアルで打ちこわし、枠にとらわれない新時代のファッションスタイルを築きあげた、モード界の異端児。ケイトが着れば、なんでも洗練されているように見えてしまうから不思議です。ジュヌセクワ（なんともいえない魅力）や、抜け感があるのです。

ケイトは60年代後半から70年代にかけてのファッションを参考にしていると言っている記事を読んだことがありますが、まさにローリング・ストーンズの全盛期だったこの時代のロックな要素がケイトのファッションには散らばっています。メッシーヘア、マスキュリン・スーツ、ジャケットにブーツ、ペイズリー柄のスカーフ、レザーのウェストコートなど。ケイト・モス＝ロックンロールなのです！

Kate Moss

ケイト・モス

トップモデル

**ラフで無造作に見せる
エレガントなロックスタイルを学ぶ**

1

Cara Delevingne

カーラ・デルヴィーニュ

トップモデル

やんちゃっぷりがカッコイイ上級カジュアルコーデを学ぶ

2

なにかと注目を集める超人気トップモデルのカーラは、私服スタイルも最高。シックでロックンロールな服をえらぶのは〝完璧すぎない〟ため。やんちゃな雰囲気のカーラらしいですね（でも実は、英国貴族の血を引くお嬢様なんです）。

レザーや目を引く小物（ビーニー・ハット！）、さらには甘い服にスポーティなアイテムをぶつけてくるカーラ。もう立派な太眉があるのだから十分……と思うかもしれませんが、そこが魅力なのです！

3

Miranda Kerr

ミランダ・カー

トップモデル

好感度抜群のきれいめ大人カジュアルを学ぶ

ベーシックアイテムにかけては、ミランダのもっている服がベスト！　ミランダのスタイルは、いつも肩の力が抜けていて実用的。エレガントとスポーティのミックスに、セクシーさをほんの少し加えたスタイルで、過度に露出することがないので、とてもまねしやすいのです。

ミランダのおしゃれの成功の秘訣はなにかというと、鮮やかな色をわりとふんだんに使っていること。人目を引くハンドバッグとか、プリントのパンツなどにチャレンジしてみるのもおすすめです。

Olivia Palermo

オリビア・パレルモ

ソーシャライト

美女オーラを放つ完ぺき優秀コーデを学ぶ

4

〝パーフェクトなおねえさん〟といった雰囲気のオリビアはいつも抜け目のないいでたち。ポイントは、つやつやした髪に、すてきな服（私が好きじゃない服を着ていたことは1度もありません）、そして必ず人目を引くヒップなバッグをもつこと。すべてのワードローブを交換しようとオリビア・パレルモに言われたら、もう私は二つ返事で了解するでしょう。

ちなみに、この写真の男性は、オリビアの超イケメン・ハズバンド、モデルのヨハネス・ヒューブルです！

5

The Olsen Twins
オルセン姉妹

女優・デザイナー

ゆるいけどだらしなくない絶妙なバランス感覚を学ぶ

子役スターから出発した人気セレブ、オルセン姉妹のスタイルは、本当にいくら見ても見飽きません。スマートで着心地の良い服をえらびながらも、最先端でホットなスタイリングをしています。

大きなデザイナーズバッグ、フラットローファー、大ぶりのジュエリー、そしてさまざまなオーバーサイズ・アイテム。これらは、大胆なゆるさを演出する独特なオルセン・ルックに欠かせないアイテムです。

年齢とともに進化していくメアリー＝ケイトとアシュレーから目を離せません！

１９９０年代のイギリスを代表する人気アイドルグループ、スパイス・ガールズ出身のヴィクトリア・ベッカム。大人気サッカー選手のデビッドを夫にもつことでも有名ですね。

私は、昔からヴィクトリアに憧れていました。歌手活動をしていないいまも、デザイナーとしてすばらしい才能を発揮しているヴィクトリアが大好きです。

ヴィクトリアの私服スタイルはインスピレーションに満ちあふれています。

6

Victoria Beckham

ヴィクトリア・ベッカム

デザイナー・女優・モデル

最大限に体型を美しく見せるスタイリングを学ぶ

Caroline de Maigret

カロリーヌ・ド・メグレ

トップモデル

おおらかで自由なマニッシュコーデを学ぶ

7

カロリーヌを見て、まっ先に連想するのはロックンロール・クール。ランコムのミューズにも就任し、自著『パリジェンヌのつくりかた』（早川書房）もあるフランスを代表するトップモデルです。

このロックなパリジェンヌは、マニッシュでユニセックスな着こなしが魅力。ブラウンの長い髪、長い脚、そしてボーイッシュなルックスがとても素敵です。

カロリーヌの定番ルックは、白シャツや〈Lee〉のTシャツにジーンズを、きわめてエフォートレスに着こなすものです。

好きなブランドは、〈ランバン（LANVIN）〉〈マルタン・マルジェラ（Martin Margiela）〉〈ドリス・ヴァン・ノッテン（Dries Van Noten）〉。アクセサリーやジュエリーをつけることはほとんどありません。そして愛用バッグは、〈ジェローム・ドレイフェス（Jerome Dreyfuss）〉のビリー（Billy）ただひとつ。

音楽やアートに造詣が深く、おおらかで自由な雰囲気が漂う彼女だからこそ醸《かも》しだされる魅力が、このスタイルの大事なスパイスとなっているのでしょう。

カロリーヌは音楽界に影響を受けていて、その最たる例が男気のある女性、70年代に活躍したロックシンガーのパティ・スミスです。

8

Emmanuelle Alt

エマニュエル・アルト

フランス版『ヴォーグ（VOGUE）』編集長

計算し尽くされたシンプルスタイルを学ぶ

フレンチシックの新女王とも称されるエマニュエル・アルトのスタイルは、一見シンプルに見えますが、実は正反対。

エマニュエルの持ち味は、ひそかに計算し尽くした細かなディテールです。そして、ベーシックアイテムはお気に入りブランドでしっかり固めています。

これであなたも エマニュエル・アルト

* Tシャツ：〈バルマン（BALMAIN）〉か〈ユニクロ〉（メンズもの！）
* ジーンズ：〈トップショップ（TOPSHOP）〉（いつも〝Baxter〟ジーンズをはいています）
* セーター：〈プラダ（PRADA）〉のカシミア
* コート：〈バルマン（BALMAIN）〉か〈リック・オウエンス（Rick Owens）〉
* 靴：〈アライア（ALAIA）〉
* バッグ：〈ルイ・ヴィトン（LOUIS VUITTON）〉のスピーディ（デザインはソフィア・コッポラ）
* 時計：〈カルティエ（Cartier）〉のタンク
* ジュエリー：〈エルメス（HERMES）〉のコリエドシアン
* 香水：〈プラダ（PRADA）〉のインフュージョン・フルールオレンジ
* 下着：〈プチバトー（PETIT BATEAU）〉

9 フィービー・ファイロ

ファッションデザイナー

フォルムや素材をリスペクトした着こなしを学ぶ

Phoebe Philo

フィービー・ファイロは、〈セリーヌ〉のクリエイティブ・ディレクターとしてモード界に〝ミニマリズム〟旋風を巻き起こしました。

ミニマルにそぎ落とした先に浮かび上がる、素材やフォルムの美しさを極めたフィービーは、ミニマリズムの女王として、いまなおトレンドを牽引し続けています。

もちろん、本人のファッションも、すばらしいほどのミニマルシック。オーバーサイズのレザーパンツ、スニーカー、そして超薄化粧……素敵です！

10代のころに〈ドルチェ&ガッバーナ（Dolce&Gabbana）〉の専属モデルとしてデビュー。28歳でモデルを卒業し、『ルオモ・ヴォーグ（L'UOMO VOGUE）』（イタリアの男性版ヴォーグ）の編集長に見事に転身したジョバンナは、引っ張りだこのスタイリストでもあります。

この上品な女性は、イタリア女性の典型と言えるでしょう。リスクをとって、より鮮やかな色、より個性的な形をえらぶのがジョバンナのセンスです。無難な黒や白をえらんでばかりいないで、ときには挑戦をしたいものですね。

ジョバンナの靴のクローゼットは世界一の品ぞろえなのではないでしょうか。

10

ジョバンナ・バッタリア

『ルオモ・ヴォーグ（L'UOMO VOGUE）』編集長

大胆にファッションを遊び楽しむことを学ぶ

Giovanna Battaglia

Miroslava Duma
ミロスラヴァ・デュマ

人気エディター

大ぶりのアクセや大柄プリントを着こなす秘訣を学ぶ

11

ロシア美人のミロスラヴァ・デュマは、ロシア版『ハーパーズ・バザー（Harper's BAZAAR）』のエディターを務めたあと、「Buro 24/7」というファッション・ウェブサイトを立ち上げたビジネスウーマン。ミロスラヴァは、ファッションウィークの期間中、写真を撮られることがダントツで多い１人です。

身長１５５cmほどの小柄なミロスラヴァが、鮮やかな色やプリントをけっして恐れることなく使いこなすところは尊敬に値します。そんな彼女のマストアイテムは、ステートメント・ネックレス。大きければ大きいほどよいのです。また、ひとつのスタイルにこだわりすぎず、よいものをどんどん取り入れてミックスする柔軟さも魅力。

12

レイチェル・ゾー

カリスマスタイリスト

ヴィンテージを巧みに着こなすリュクス・ボヘミアンスタイルを学ぶ

Rachel Zoe

キャメロン・ディアスやアン・ハサウェイなど多くのハリウッドセレブのスタイリングを手がけてきたカリスマスタイリスト。個人的には、ちょっとボヘミアンすぎるスタイルかと思うのですが、その一流の手腕は称賛に値します。

レイチェル自身は、ウェイビーなブロンド・ヘア、ヘルシーに焼けた肌、たくさんのゴールド・ジュエリー、ハイヒール（常に！）、デザイナーズハンドバッグ、幅広のベルボトム、ファージャケットで、「超スタイリッシュ！」と言うほかありません。

エレナ・ペルミノヴァ

ソーシャライト

最新トレンドの
上手な取り入れ方を学ぶ

Elena Perminova

13

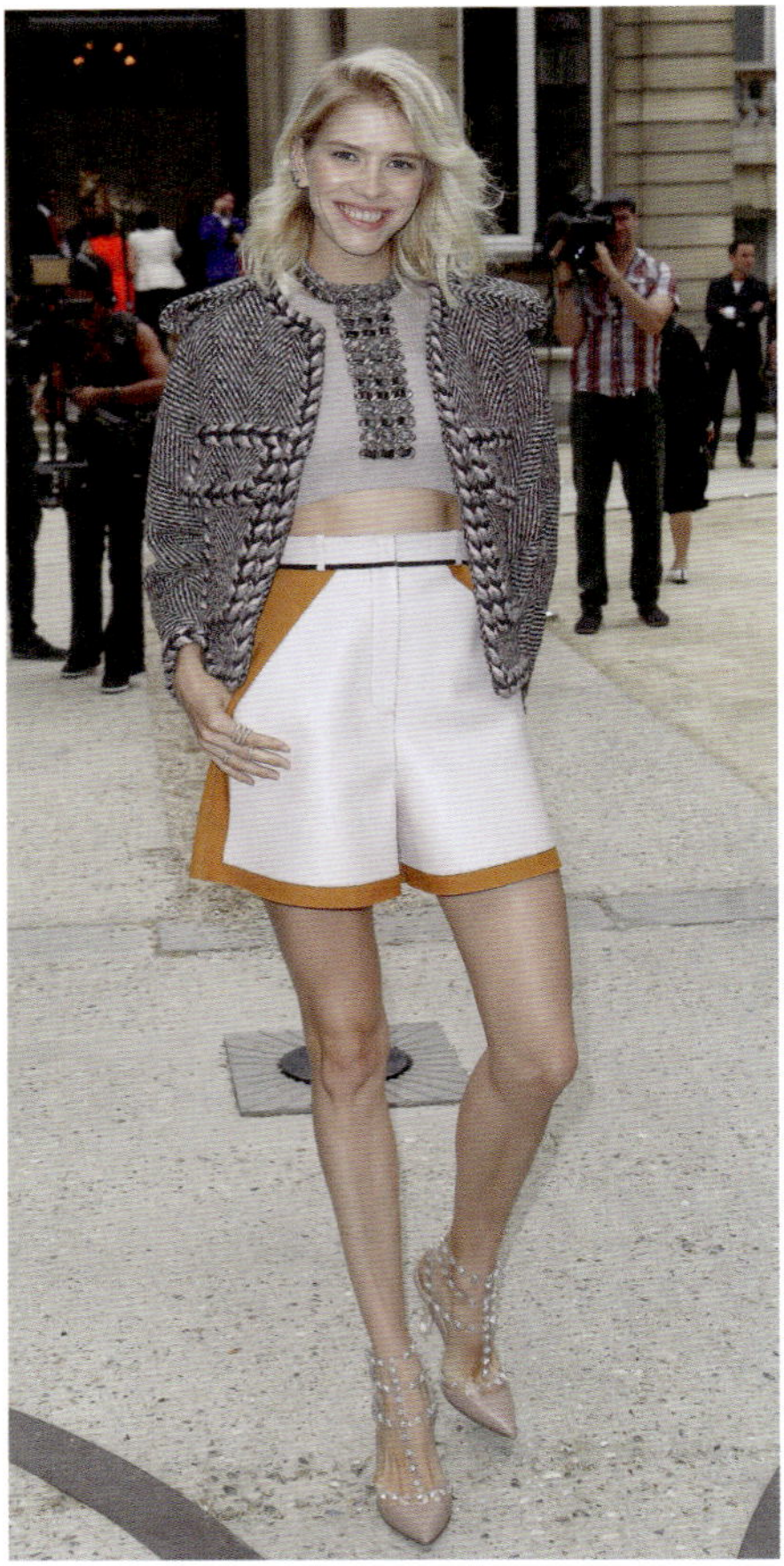

たったいまなにが流行っているのかを知りたければ、ロシアのソーシャライト、エレナ・ペルミノヴァのスタイリングをチェックしてください。長い脚と誰もがうらやむようなワードローブをもつエレナは、いつも見事なセンスで勝利しています。このイットな女性に注目しましょう！

絵に描いたようなパリジェンヌに会ってみたかったら、まさに彼女！

エレガントでいながら気負わないスタイリングが魅力のジュリア。フランス版『ヴォーグ（VOGUE）』の編集長も務めたカリーヌ・ロワトフェルドを母にもったら、ベビーベッドにいるときからファッションセンスが植え付けられるのでしょう。

ジュリアのスタイルに大きな影響をもたらしている1人が、アラン・ドロン主演の映画『太陽が知っている』のヒロイン、ロミー・シュナイダーだそうです。

Julia Restoin Roitfeld

14

ジュリア・レストワン・ロワトフェルド

モデル・デザイナー

ボディラインを品よくアピールするパリジェンヌコーデを学ぶ

Upgrade

ワンランク上に見えるおしゃれのヒミツ

ファッショニスタたちをこうして分析して見てみると、カンタンにマネできるおしゃれのコツがわかります。次の６つはすぐに実践できます！

1. 迷ったら黒を着る

2. たくさんの服ではなく、上質な定番アイテムに投資する

3. 人目を引くアクセサリーをひとつだけつける

4. ラフでナチュラルな無造作ヘアにする

5. ナチュラルメイクで抜け感を演出する

6. 堂々とした態度で服を着る

ただし、まねするときに大切なことは、お気に入りのファッショニスタをそのままコピーしないということです。〝独自のスタイル〟をもつことこそが、ファッショニスタへの道につながります。

ブリジット・バルドーのアイライナーを試し、エマニュエル・アルトのスタイリングを試したとしたら、そこから自分なりのなにかを学ぶのです。「このアイラインはなぜブリジットの魅力を際立たせているのか？」「どうアレンジしたら自分に似合うようになるのか？」「エマニュエルのこのコーディネートはなぜ素敵に見えるのか？」

こうしてセンスを磨き、自分の魅力の表現法に気づいたら、ショップでは自分の直感に従ってください。スタッフにすすめられたという理由だけで服を買うのはもったいないことです。

Model Look

これさえおさえればだれでもモデル風美女

では、次にトップモデル風に見せる方法もご紹介しましょう！　前ページと重なるものもありますが、それはつまり、女優もデザイナーもモデルも、ファッショニスタならだれでも実践していることだということです。

1. シャープなラインの服を着る

ひらひらしたガーリーな服ではなく、シャープなシルエットの服を着ます。この法則はジュエリーも同じ。ゴテゴテさせずにシンプルなものをえらびます。

2. 自分の体型にぴったり合う服をえらぶ

モデルは、数えきれないほどのフィッティングをしているので、美しく見せるにはいかにそれが大事か実感をもって心得ているのです。

3. 黒を身にまとう

黒はモデルたちが大好きな色。なんとでも組み合わせが利くし、グレー・白・キャメル・デニムなどと合わせると、とても洗練されて見えます。

4. ファージャケットを着こなす

絶対必需品です！　フェイクでもかまいません。冬にさらっと着こなせば超クール。

5. がっちりしたブーツをはく

フラットなものがベター。1日中タワーのようなヒールで走り回っているので、ランウェイ以外では丈夫で楽なものをはいていたいのです。

6. オーバーサイズのバッグ

ポートフォリオやミネラルウォーター、バレエシューズを持ち歩くためにはマストです。

7. こぎれいですっきりしたメイク

疲れを隠すためのコンシーラー、上のまつげだけに少量のマスカラ、健康な輝きをだす程度のチーク、少量のリップグロス。これだけで完了です。

8. 自分の長所を最大限に生かす

モデルたちは、自分の長所を最大限に強調しています。脚が長い人はミニスカートをはき、頬骨の高い人はまとめ髪をして魅力的に見えるようにします。

9. 自信をもつ

モデルは、ランウェイから降りても、常に自信あふれるオーラを放っています。自信は、デザイナー服よりもはるかに強力にあなたを輝かせます！

注目の最旬モデル

* アンニャ・ルービック
* フリーダ・グスタフソン
* アビー・リー・カーショウ
* カーリー・クロス
* シャネル・イマン
* フレジャ・ベハ・エリクセン
* ナターシャ・ポーリー
* マリナ・リンチュク
* リュウ・ウェン
* アンナ・セレズネヴァ
* カシア・ストラス
* エニコ・ミハリック
* ハンネ・ギャビー
* カーラ・デルヴィーニュ

＊ **Elin Kling**（www.toteme-nyc.com）
Elin Kling（@elinkling）
＊ **Columbine Smille**
（www.space-matters.com/author/columbine/）
Columbine Smille（@columbinesmille）
＊ **Look de Pernille**（lookdepernille.theyouway.com/page/2/）
Pernille Teisbaek（@pernilleteisbaek）
＊ **Emma Elwin**（makeitlast.se/）
Emma Elwin（@emmaeelwin）

＃03　ファッションスナップサイト

テラス席に座って人々を観察するほど楽しいことはあるでしょうか？ファッションスナップサイトは、それを自分に代わってやってくれているありがたいシロモノ。有名なものをご紹介します。

＊ **The Sartorialist**（www.thesartorialist.com）
＊ **Le-21ème**（le21eme.com）
＊ **CAROLINES MODE**（stockholm-streetstyle.com/）

＃04　そのほかのファッションサイト

＊ **The Fashion Spot**（www.thefashionspot.com）
すばらしいインスピレーションの源です。私はよく、COMMUNITYページのFORUM（掲示板）の話題を読んでいます。新しいアイデアや違った視点を与えてくれるからです。

＊ **Lookbook**（lookbook.nu/）※アプリ版は日本語対応あり
世界中のファッショニスタが、ファッションスナップを投稿するウェブサイト。ゆっくりお茶を飲みながら、眺めるのに最適です。

BLOGS & WEBSITES

見るだけでセンスアップ！
おすすめブログ＆ファッションサイト

私はいつもファッションブロガーやファッションサイトからインスピレーションをもらっています。私が日々チェックしているものをご紹介します！

＃01 ファッションブロガー

最高のライフスタイルをつくろうとがんばっていて素敵です。
だれでも夢見ることは必要だと思いませんか？

＊ **Park & Cube**（www.parkandcube.com）
Shini Park（@parkncube）

＊ **Tuula Vintage**（www.tuulavintage.com）
Jessica Stein（@tuulavintage）

＊ **Garance Doré**（www.garancedore.com）
Garance Doré（@garancedore）

＊ **Luxury Shoppers**（www.luxuryshoppers.net/）
Luxuryshoppers（@luxuryshoppers）

＊ **Gary Pepper Girl**（garypeppergirl.com/）
Nicole Warne（@garypeppergirl）

＊ **Style Bubble**（stylebubble.co.uk/）
Susie Lau（@susiebubble）

＃02 スウェーデンのファッショニスタ

スウェーデンの女性は、驚くほどミニマリストで、なによりスタイルが超クール。優れたベーシックアイテムをえらぶ目をもち、トレンドを先読みしている人が多いのです。

Chapter 2

{ 世界のファッショニスタが教えてくれた }

“永遠に使える一流のベーシックルール”

Basic Rules for Fashionistas

Sophisticated

上質感漂う洗練された女性の秘密9

そんなにがんばっているようには見えないのに、なぜかいつもさりげない上質感が漂う素敵な女性っていますよね。たとえば、こんな経験はありませんか？

シチュエーション

今日は女友達とランチです。あなたは髪をブローし、ハイヒールをはき、もっているなかでいちばんおしゃれなバッグをもってでかけます。

すると、レストランに入ってきたのは、ナチュラルでさりげないのに人々の目をくぎ付けにする素敵な女性。フラットのローファーに、シルエットのきれいなデニム、カシミアのニット。彼女のファッションは、きわめてシンプル。あなたは急に、自分が必要以上におしゃれをがんばりすぎているように感じてしまいます。

……私はいつもこのようなシチュエーションに直面してしまっているんです。

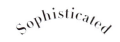

〝そんなにがんばっている風ではないのにいつもすてきな女性〟は、いったいどうしてそうなのでしょう？

私はこの謎を調べ、秘密を解明したのです！　せっかくなので大公開します！

#1

肩ひじ張らないリラックスした着こなし

自然体で素敵に見える女性は、することなすことのすべてが無造作に見えます。しかし、真相はまるで違うのです。だまされてはいけません。彼女たちは、実はとてもがんばって〝がんばらないスタイル〟をつくり上げているのです。このエフォートレススタイルでこなれ感をだせば一気にあか抜けることができます。

#2

自分にぴったりフィットする服をえらぶ

無造作に見えても、サイズがぴったりの服を着ています。素敵な女性はみな必ずそうなのです。

#3 シンプル・イズ・ベスト

モットーは、シンプル。シックでニュートラルな色。すっきりしたライン。ミニマ

リストな装いを心がけています。ひとつのステートメントアイテムに重点を絞り、それ以上は飾りません。やりすぎは、下品につながりやすいのです。

#4

なによりも質を重視する

上質なものを買っています。安いファストファッションを無駄に買って浪費せずに、節約して良いものを買っているのです。ハイクオリティなアイテムが求めやすい価格で買える、私のとっておきのブランドをご紹介します。

服は、H&Mが生んだハイブランド〈コス（COS）〉、アクセサリーなら〈ウテルケ（Uterqüe）〉です。コスは日本にも南青山と横浜に店舗があります（2017年3月現在）。

#5

背伸びしない靴をえらぶ

ハイヒールではなく、すてきなローファーかバレエシューズをはきます。

私は、上品な〈クロエ（Chloé）〉のバレエシューズと、カスタマイズができる〈プリティ・ローファーズ（Pretty Loafers）〉にはまっています。

#6 美容のベーシックケアは丹念に

素敵な女性は、とくに美容に膨大な手間ひまをかけています。ヘアケアもスキンケアもメイクも、さまざまな製品で試行錯誤を繰り返した末にたどり着いた究極のアイテムを使っているのです。ケアの行き届いた美しい歯も不可欠。「そんな予算はない」という方も大丈夫。本書のＣｈａｐｔｅｒ３「毎日が楽しくなる究極のビューティーライフ」をご覧ください。

#7 ナチュラルメイクに徹する

きれいでつやのある肌をつくるのはマストですが、フルメイクはしないことがほとんど（あるいはそう見せているのかもしれません）。その代わり、自分の長所を強調するポイントメイクはちゃんとしています。

#8 ヘアもナチュラルビューティーに

つやのある健康的な髪であることがいちばん大事です。アカデミー賞贈呈式に行くわけではありませんので、スタイリング剤をガッツリふりかけたグラマラスなヘアスタイルにするのはＮＧです！

#9 ネイルはヌードカラーが鉄則

ヌードカラーは、完璧に素敵な女性の定番色です。私のお気に入りは、〈ＯＰＩ〉のスイートハート（Sweet Heart）。ベージュすぎず、ピンクすぎず、ほどよい色味です。

鮮やかなブルーのネイルやベビーピンクのネイルはお茶目ですが、正直、高級感をイメージさせる色ではありません。

いかがでしたでしょうか！　この９つが〝自然体で素敵に見える女性〟の秘密です。

Don't Mind Trends

流行は追わなくていい！

私は、流行にはあまり興味がありません。美しいこと、良い生地が使われていること、ちゃんと自分の体型にフィットしていること、自分に似合うデザインであることなどを優先しています。

定番のアイテムに、ほんの少し華やかなエッセンスを加えられれば、それで十分。

たとえば、大きめのサングラス、遊び心のある時計、ゴージャスな凝ったデザインが施されたハンドバッグなどを織り交ぜます。

自分にとって心地良いアイテムを身に纏《まと》い、その結果、自分の個性が磨かれたファッションやクリエイティブな新しいファッションが生まれるのが楽しいのです。

ですから「〝ファッション産業のカモ〟ではなく、〝トレンドセッター〟になろう！」というのが私のモットーです。

世界のファッショニスタを見ても、ベーシックな定番アイテムを上手に着こなしている人がほとんどです。では、次に着こなし次第で最高におしゃれに見える7つの定番アイテムをご紹介します！

Basic Items

必ずもっておきたい永遠の定番アイテム7

おしゃれな人のクローゼットには、定番アイテムがいくつもそろっています。ベーシックなアイテムは、いつでもどんなコーディネートにも使えます。

［定番マストアイテム］

1 Little Black Dress リトル・ブラック・ドレス

どんなシーンにもマッチするリトル・ブラック・ドレス（LBD）は、最強の1着！

自分にどんな形が似合うのかわからない人（少し太ったことを隠したい人も！）は、肩を露出するタイプをえらんでみてください。

肩にはあまり体重があらわれませんし、体型をキレイに見せてくれるシルエットなのです。

ワンランク上に見せる おしゃれのヒミツ

＊差し色をする
ビビッドカラーのバッグや、人目を引くネックレスなどがおすすめです

＊赤かヌードカラーの靴をはく
リトル・ブラック・ドレスにマッチする靴の色は、どんな場面でも赤とヌードカラー。黒も合うのですが、その場合はアクセサリーで差し色をしてください

＊華やかなイヤリングをつける
特に気に入っているのは、ターコイズのイヤリング。少し意外な組み合わせですが、面白くて素敵ですよ

＊大きめサイズのバッグとサングラスで大胆に
昼間は、バレエシューズとオーバーサイズのハンドバッグ、大きなサングラスを合わせるとすてきです！

＊口紅は赤をえらぶ
赤リップは、リトル・ブラック・ドレスにぴったり！

＊ときにはユニセックスにキメる
タキシードジャケットをはおると、ユニセックスな感じがでます。髪はオールバックのポニーテールに。バレエシューズをはけば完璧です

[定番マストアイテム]

2

The Breton Top
ボーダーシャツ

ボーダーシャツ（ブレトン・ストライプ）は、なににでも合います。レオパード柄にさえも！　1年中着られるのも助かります。スタイリッシュなパリジェンヌを思い浮かべると、必ずあのボーダーシャツを着ている姿が目に浮かびます。究極の定番である白と紺のボーダーがベストです。

ワンランク上に見せる おしゃれのヒミツ

＊パリジェンヌ風に着こなす
ベージュのトレンチコート、赤リップ、アニマル柄のバレエシューズと

＊シックにキメる
レザーパンツ、ポインテッドトゥのブーツ、大ぶりのハンドバッグを合わせます。とてもシックで素敵です

＊クールにキメる
ブリーチ＆クラッシュデニム、ニット帽（ビーニー）、オックスフォードシューズを合わせれば、クールな印象に

＊花柄やアニマル柄と組み合わせる
色合わせには気を配ります。冒険心のある人やトレンドに乗るのが得意な人は、ぜひ花柄やアニマル柄などを合わせてみてください

＊キラキラ素材と組み合わせる
スパンコールや光る素材のペンシルスカートを合わせれば、間違いなく完ぺき！

＊デニムでカジュアルに
ボーイフレンドデニム、レザージャケットと。ケイト・モス風にするなら、スキニーデニム、ファージャケット（フェイクファーでもＯＫ）と合わせてもいいですね

Animal Print
アニマル柄

3

［ 定番マストアイテム ］

賛同を得るのは難しいかもしれませんが、私はアニマル柄は定番アイテムだと考えています。どんな装いにも、スパイスを効かせてくれるアニマル柄のアイテムは、クローゼットにいくらあっても足りないくらいです。ただ注意してください。アニマル柄には次の２大原則があります。

1 — やりすぎは禁物！　アニマル柄は1コーデに1アイテム

あくまでも、「アニマル柄のアイテムはひとつだけ」が原則です。下品に見えないように、ゴテゴテに飾りたてず、ミニマルを心がけてください。

2 — 上品な服やアクセサリーと合わせる

アニマル柄は、すぐに安っぽく下品に見えがちなところがあります。その分、服とアクセサリーは上質なものをえらびましょう。

ワンランク上に見せる おしゃれのヒミツ

＊靴でトライ
ビギナーは、ベルトやクラッチバッグ、靴から試しましょう。靴ならパンプスかバレエシューズで。リトル・ブラック・ドレスに合わせるのもおすすめですし、さまざまなタイプのコーデを引き立ててくれることがわかるはずです

＊赤と合わせる
赤＋レオパード柄＝永遠の定番デュオです！

＊ときには個性的な色のアニマル柄も！
茶色などの典型的な色である必要はありません。たとえばブルー系のアニマル柄は、とてもいい意味の驚きをもたらしてくれます

4

［ 定番マストアイテム ］

Trench Coat
トレンチコート

10代のときに、お金をためて〈バーバリー〉のトレンチコートを買いましたが、後悔したことは1度もありません。いまだに、日中はジーンズやフラットシューズと合わせ、夜はリトル・ブラック・ドレスの上に着て、ハイヒールと合わせています。非常に価値ある投資なのです。

ワンランク上に見せるおしゃれのヒミツ

＊異素材のアクセサリーをつける
恐れずに異素材のアクセサリーを組み合わせてみてください。華やかにしたいときは、スパンコールやシルクを使ってみてはいかがでしょう
＊レザーを合わせる
レザー＋トレンチコート＝究極のコンビネーション！
＊ワンピースとして着る
ウエストをベルトで締めれば、ワンピースとして着ることもできます。ただし、とても柔らかい薄手のトレンチでなければできないのでご注意ください！
＊女優風に着こなす
トレンチを肩にはおると、パリのファッションウィークで見かけるようなファッショナブルな女優のように見えます
＊ニューヨークのセレブ風に着こなす
ウエストをベルトでしめて、大ぶりサングラスをかけて、イットなバッグを肘にかけます
＊ノースリーブのトレンチならアレンジ自在
ノースリーブの良いところは、下にレザージャケットを着れば、瞬時にロックンロールなスタイルになることです。
＊オーバーサイズのトレンチのソデをロールアップする
オーバーサイズを着るときは、ソデをひじの上までロールアップし、独特の質感をだします。
＊レザートレンチでセクシーに
小悪魔な女性なら、レザーのトレンチコートはぜひ手に入れたい1着です！
＊カーキのトレンチでクールに
ベージュ以外の色に挑戦するなら、まずはカーキがおすすめ。とてもクール
＊カラフルなトレンチコートにも挑戦
赤やグリーンならまちがいなく見栄えがします。くるぶし丈のルーズなパンツ、パテントレザーのフラットなローファーと合わせて

「なにを着ていいかわからない」というとき、私は何度となくリトル・ブラック・ブレザー（ＬＢＢ）に救われました。どんなシーンでも受け入れてもらえるスタイルなので、安心です。

［ 定番マストアイテム ］

5

Little Black Blazer
リトル・ブラック・ブレザー

ワンランク上に見せる おしゃれのヒミツ

＊スキニーデニムと合わせる
ブレザーが十分に気品を醸しだしてくれますので、大胆にダメージ加工されたクラッシュ・スキニーデニムと組み合わせて、カジュアルシック効果を楽しんでください

＊ワイドパンツにピンヒールをはく
ワイドパンツからのぞく、細くとがったヒールが超ホットです

＊白いワンピースと合わせる
リトル・ブラック・ブレザーの下に白のワンピースを着れば、清楚な華やぎ効果抜群です

＊トップスを着ないでヌーディーに
冒険心のある人は、ぜひボタンを閉めたブレザーの下にトップスを着ないドキドキのセクシーファッションに挑戦してみてください！　ただし、胸の開きが深すぎないよう要注意です！

＊黒以外のカラーにも挑戦！
２着目以降は黒以外のチョイスもアリ。思いきって、ホットピンクやアニマル柄に挑戦してみてはいかがでしょう？

［定番マストアイテム］

6

Denim
デニム

ジーンズで大事なのは、完璧にフィットしていることです。まるでオーダーメイドかのように自分の体型に合っていて、スタイルを良く見せてくれるものでなければなりません。そこさえ押さえていれば、なんでもアリです。

スキニーデニム＋ニーハイブーツ＋リラックスした雰囲気のカーディガン＋大判ショールが私のお気に入りコーディネートです。

たくさんのジーンズをもっていますが、なかでもいちばんおすすめなのが、深い紺色に染められているインディゴデニムです。

ワンランク上に見せるおしゃれのヒミツ

＊ヒールでクールに

クールにキメたいなら、ストレートデニムをくるぶしの上までロールアップし、とびきりのヒールをはきます。美脚効果も抜群！

＊トップスもデニムに

ジーンズにデニムシャツを合わせる「デニム・オン・デニム」に挑戦してみてください。成功すると最高ですよ！

＊パリジャン風に

シックなコーディネートなら、ホワイトデニムにネイビーのセーターを

＊おしゃれなハリウッド女優・シエナ・ミラー風に

グレーのジーンズに、マリンボーダーのトップス、黒のアンクルブーツを合わせて

＊インディゴ以外の色も

ほかに、ストーンウォッシュ・ジーンズ、ダークブルー（生デニム）、グレー、白、黒のジーンズを各１本ずつもっていると便利です

Leather Jacket

［ 定番マストアイテム ］

レザージャケット

7

ジャストサイズのレザージャケットなしではもう生きていけないぐらい便利。生活のアクセントとして、たまにはロックンロールな要素を取り入れてみてください。きっとクールでカッコイイ自分に惚れてしまいますよ！

何年も（もしかしたら永遠に！）使えるものなので、えらぶならホンモノを。本革にまさるものはありません。

ワンランク上に見せる おしゃれのヒミツ

＊リトル・ブラック・ドレスに合わせる
今風に着るには、レザージャケットをリトル・ブラック・ドレスの上に

＊ガーリーな服にあえてはおる
甘すぎないようにスパイスを効かせるなら、これしかありません

＊夏にも着る
夏は、デニムのショートパンツとオーバーサイズの白Tシャツ、スニーカーに合わせます。もちろん暑すぎるときは脱いでください！
そのほかにも、マキシスカートやマキシ丈ワンピースにも合いますよ

＊カシミアショールを合わせる
かちっとした印象のレザージャケットにぴったりの仕上げは、超ソフトなカシミアショールです。この絶妙なコントラストがセンスアップ効果に！

＊意外な素材を合わせて遊ぶ
テクスチャーで遊んでみてください。レース＋レザー＝ドリームチーム！　メッシーヘアにダイヤモンドのアクセサリーも素敵です！

＊スタッズのついたアイテムは避ける
レザージャケットにスタッズを組み合わせるのは絶対にやめたほうがいいです。いかにもで、しゃれにならない感じになってしまいます

＊大きめサイズをえらぶ
サイズで迷ったときは、少し大きめをえらびましょう。そのほうがロックンロール感をだせます

Accessories & Goods

もっておくと便利なアクセサリー&小物19

アクセサリーや小物は、おしゃれをするうえでけっして手を抜けない大事な要素です。ぜひこだわりの逸品を手に入れてください。

ジュエリー

必ずしも高価な必要はありませんし、ヴィンテージショップへ行けば、とびきりのジュエリーを見つけることができるかもしれません。

1.

シルバーやゴールドのチェーンのネックレス

昼夜問わずにつけられて、ほかのネックレスと重ねづけもできる、繊細なデザインをえらびましょう。ペンダントネックレスは、シルバーかゴールドの高級チェーンをひとつ用意しておけば、気分に合わせてチャームをつけかえることができます。

Jewelry

2.

一生モノの高級リング

高級リングは一生モノ。貯金をして奮発するのがベスト。（あるいは愛する人に奮発させましょう！）

3.

パールやダイヤのイヤリング

ダイヤモンドのイヤリングはそんなに高価ではなくなりました。それに最近は、見栄えが本物とほとんど変わらない、手ごろな価格のものも出回っています。

パールのイヤリングも、シーンをえらばず合わせやすく、どんなコーディネートにも華を添えてくれるのでおすすめです。

4.

定番モノの時計

いつまでもすたれない、どんなスタイルにも合う定番のものをえらびましょう。もうひとつ買うなら、大きめのメンズウォッチがおすすめ。刺繍糸を編み込んでつくられたフレンドシップブレスレット（ミサンガ）と一緒につけてもぴったりです。

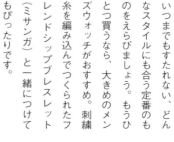

バッグ

ユニークなハンドバッグが見つかるおすすめのお店は、ヴィンテージショップ。お値打ち価格が多いのもうれしいです。

5.

デイリーバッグ

日常の持ち物をすべて入れるバッグですから、どんなシーンにも合うものでなければなりません。定番で、ニュートラル、そしてスタイリッシュなものにしましょう。派手なものは避けます。整理に便利なポケットがたくさんついたものを。

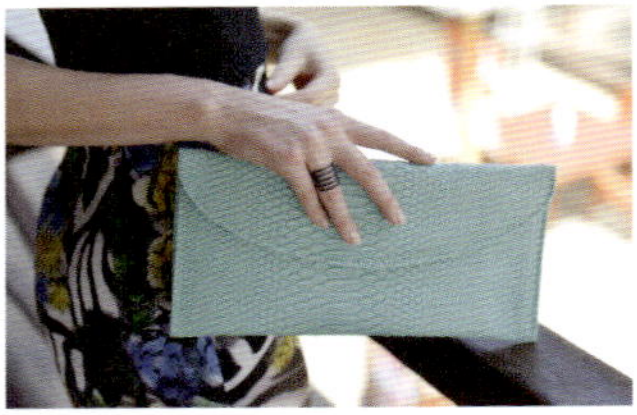

6.

イブニングクラッチ

イブニングバッグは、人目を引くものでかまいません。デートやパーティならば、シルバーやゴールドなどの華やかな色の洗練されたハンドバッグをえらびましょう。また、イブニングクラッチは、リトル・ブラック・ドレスやシンプルなダークデニムの装いに、華を添える役割も果たします。

Bags

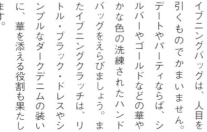

7. 定番黒バッグ

これは、母から娘によく受け継がれるハンドバッグです。完ぺきな黒バッグを見つけるには時間がかかるかもしれませんが、いったん見つかれば、二度と手放すことはないでしょう。

8. ウィークエンドバッグ／オーバーナイトバッグ

女友達との急な旅行なら、オーバーナイトバッグを連れていくのを忘れずに。2泊ぐらいの旅行や、1日ショッピングにちょうどよい大きさのバッグのことです。

9. 小ぶりのショルダーバッグやクロスボディバッグ

斜めがけできるようなバッグは、スーパーの買いものでもパーティでも万能に使えるバッグです。ほかのバッグと組み合わせることができ、ふつうすぎず、あらたまりすぎず、さまざまなタイミングで役立つ理想的なバッグです。

10. デザイナーズバッグ

すべてのファッショニスタがひとつはもつべきバッグです。デザイナーズバッグは安くはありませんので、ワンシーズンで流行遅れになってしまうタイプは避けましょう。キーワードは、質の高さと定番シルエットです。

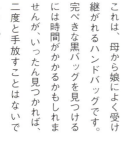

サングラス

サングラスは、必ずＵＶフィルター付きのものをえらび、安くて質の悪いものには手をださないでください。大切な瞳を紫外線から守りましょう。

11.

レイバン・アビエーター

ハリウッドスターがオフのときは、必ずと言っていいほどこのモデルを着用しています。

12.

レイバン・ウェイファーラー

このラインは、史上最もアイコニックなサングラスで、誰にでも似合います。失敗することのないスグレモノ。

13.

オードリー・ヘップバーン風エレガントサングラス

これは、永遠にすたれることがありません。必ず女性を美しく見せてくれます。

Sunglasses

14.

大きめサングラス

目の下のたるみや寝起きでまだ開いていない目を隠したい、といったお悩みをすべて解決してくれます。当然ながら、大きいほどよいです。

ステートメント・サングラス

最近は、クレイジーな色や楽しいデザインのものがでていますね。装いに遊びを加える究極の方法です。

15.

靴

靴にはお金をかけましょう。コーディネートにおいてかなり重要なパーツです。良い靴をはいていれば、どんなに安い服を着ても大丈夫。

バレエシューズ

すてきなバレエシューズは、どんなときでもさまになります。定番の黒、ヌードカラー、すてきなプリントを1足ずつもっていれば、気分と服に合わせてえらべます。バレエシューズが好きでなければ、ローファーを。ローファーのほうが、少しエッジーです。

16.

Shoes

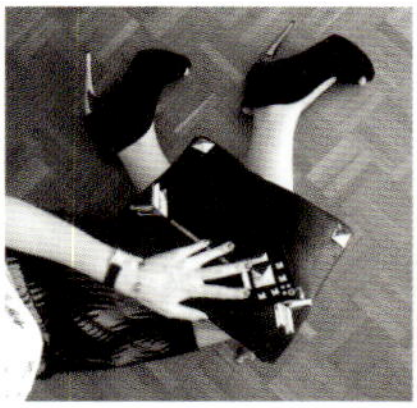

17.

パンプス・サンダル

ヌードカラーのパンプスは脚を長く見せ、体型をきれいに見せてくれます。黒パンプスをはくなら、ヒールができるだけ高いもの（自分がはけるギリギリの高さに！）をえらびましょう。そうでないと、地味で真面目な印象になってしまいます。

イブニングドレス用サンダルやおでかけ用パンプスにルールはないので、自由に遊んで自分の個性を演出してください。楽しいプリントや人目を引く飾りがついていてもOK！

18.

アンクルブーツ

アンクルブーツは、秋冬に最高です。フェミニンでエレガントで温かく、良いことずくめ。

19.

ニーハイブーツ

冬のおしゃれはニーハイブーツがキメてくれます。はき心地が良く、足が濡れず、とてもトレンディ、と言うことなしです！

Time & Money

おしゃれは無理のない範囲の時間とお金で十分

おしゃれをしたくても、毎日忙しいし、お金だってかけられませんよね。おしゃれは無理してまでがんばるものではありません。生活に負担をかけずに楽しみましょう。

ファッションの8つの心得はこれ！

#1

毎日違うコーディネートをすることに捉《とら》われない

毎日違う装いをすることよりも、毎日おしゃれな装いをすることのほうが、ずっと重要です。コーディネートを考える時間がないときは、白Tシャツに黒のパンツ、赤リップで決まりです。

#2 自分の体型に合う服をえらぶ

トレンドより自分に似合うことを優先して服を買えば、長く着られます。

#3 露出しすぎない

脚を見せるか胸の谷間を見せるか、どちらか片方にします。両方はタブーです。

#4 自分の直感を信じる

「こういうものを着る年齢ではない」と思うなら、それはたぶん当たっています。

#5 ときにはいつもと違うファッションをしてみる

自分自身や周囲の人を驚かせるのです。いつもガーリーな格好をしているなら、レザーパンツにごついワークブーツをはいてみませんか？　最初はジロジロ見られている気がするかもしれませんが、そのうち、それらなしでは生きていけなくなります！

#6

自信をもつ

あなたが主役なのですから、笑ってください。自分のファッションにも自分自身にも誇りをもちましょう。装いは中身によって決まるのです。自分の気持ちを上げて、そのオーラを放ちましょう。

#7

固定概念に捉われない

スパンコール＝イブニング用という発想はナンセンスです。昼間でも光る素材を着てＯＫ。ゆったりしたカシミアセーターにも合います。

#8

お金をかけなくてもおしゃれはできる！

予算が限られているからといってがっかりしないでください。現代に生きる私たちは本当にラッキーで、ほとんどなんでもアリの時代です。お金がなくてもトレンドのスタイリングはできます。クリエイティブな発想をしてみましょう。

Effortless

メリハリのある〝抜け感〟であか抜ける

服もメイクもヘアもかっちりつくり込みすぎると、自然なおしゃれからは遠ざかり、あか抜けない印象になってしまいます。同じ服でも軽やかな着こなしにしてみたり、既定路線ではないアイテムを組み合わせたりするだけで、余裕や個性があらわれます。ただし、だらしない印象にならないように、上手なバランスで抜け感をつくることが大事です。そのやり方は実はカンタン。

抜け感のつくり方

1　最初にベースになる服をえらぶ

例：ベーシックなオーバーサイズ・ニットに、スキニージーンズなど

2　最後に人目を引くアクセント〝ステートメントピース〟をひとつえらぶ

例：スカーフやオーバーサイズのクラッチ、とびきりのヒールなど

こうやって、コントラストをつけることは重要です。

スパンコールのキラキラスカートにスニーカーを合わせたり、スポーティなニットにイヤリングを合わせたりもします。フェミニンな服には、甘くなりすぎないようにメッシーヘアと大きめアクセサリーでバランスをとりましょう。

そして、大事なのは靴です。素敵な靴は、装いに上質な雰囲気を加えると同時にシャープなアクセントを効かせてくれます。そうすると、すべてがつながります。

Coordination

6つのシーン別ランクアップコーディネート

ファッションのなにがいちばんエキサイティングかというと、シーンごとに、違うものを身につけることができる点です。仕事、女友達との午後のショッピング、自宅でブランケットをかぶってくつろぐ夜、愛する人たちと過ごす週末、結婚式。ファッションの海は本当に広く深いですね！

休日スタイル 1

エフォートレスで心地良い服に身をつつむ

Holidays

休みの日だからといって、だらしない服を着なくてはいけない決まりはありません。がんばりすぎずに〝さまになる〟おしゃれがおすすめ。

肩ひじ張らない等身大のスタイルは、北欧の女性から技を盗んじゃいましょう！　優れたクラフトマンシップ、上質素材、ニュートラルカラーがポイントです。

＊ **ジーンズ**（一部ストレッチ素材）
＊ **カシミアセーター**（できればネイビー、グレー、黒）
＊ **バレエシューズ**
＊ **マフラー**（冬場）

このほかにも、ルーズフィットのTシャツとカーディガンもGOOD！　メイクはシンプルに、リップグロスとマスカラだけです。ヘアは、ゆるくまとめ、でかけるときは大きめサングラスをかけます。これで完了です。

デートスタイル

自分の魅力を
際立たせてくれる服をえらぶ

Dating

2

デートのときは、ファッションもそのほかのことも、いつもどおりでいるのがベスト。自分が好きなものを着ようではありませんか！

ありのままの自分に満足している女性は幸せなオーラを放ちます。男性はそんなところにこそ、たまらない魅力を感じるのです。ここでは、その魅力を際立たせる方法をご紹介します。

自分をきれいに見せてくれる服をえらぶ

シンプルなワンピースでも、きれいに見せてくれる色をえらびます。クリス・デ・バーの名曲「レディ・イン・レッド」の、赤い服を着た主人公になれば、デートの相手だけでなく、皆の視線をくぎ付けにするはずです。

自分の長所をだし惜しみしない

長くてきれいな脚があるなら、ミニ丈ワンピースで見せびらかしましょう。人もうらやむような胸の谷間があるなら、胸元が大きく開いたワンピースで。

ただしくれぐれも見せすぎは禁物です。最初のデートでは、自分自身を見せすぎずにあくまで相手の想像にゆだねることが大事。最初からすべてを見せてしまうのは、残念ながら軽くて安っぽい印象を与えてしまいます。

香水を軽く纏《まと》う

ふわっと漂ういい香りでお相手をドキッとさせちゃいましょう。
ただし、つけすぎには要注意。強すぎる香水は男性が引いてしまいがち。

ブラインドデートには無難な服をえらぶ

公式なデートではないけれど、気になる男性からお誘いされたときは、なるべく無難な服を着ていきましょう。第一印象の威力は見くびれません。おしゃれをしてデートにのぞむのはとても重要ですが、未来のパートナー候補に、自分があまりにも必死でがんばっている印象を与えてしまうのも避けたいですよね:)

お気に入りのデニムとトップスに、レザージャケットかブレザーで。きれいなジュエリーやすてきな靴でアクセントをつければよいでしょう。これなら、ロマンチックなピクニックにも、おしゃれなバーでのカクテルにも対応できます。

デート Don'ts リスト

☒ **ラフすぎる服装**

どんなにファッショナブルなものでも、スウェットパンツをデートにはいていくのは絶対にやめてください！

☒ **流行を追いすぎた奇抜なスタイリング**

男性は、トレンドともあまり相性がよくありません。なんというか……意味が理解できないのです。ですから、レザーのバギーパンツとスニーカーが流行していたとしても、そのファッションがデートの相手に理解されるとは思わないでください。セクシーと思ってもらえることなど到底ありえません。正直言ってしまうと、そういうファッションは、男除けになってしまうことが多いのです……

☒ **スローガンTシャツ**

やめましょう（笑）

☒ **ノーブラ**

大半の男性は、悪い気はしないでしょうが、賢明なプランではありません。自分に合っていて、外に響かないランジェリーを身につけましょう

☒ **タートルネック**

これは「近寄らないで」セーターと呼んでも過言ではありません

☒ **ブランド品やアクセサリーをたくさん身につける**

男性は、ブランドものをあまり好みません。ですから、すぐにシャネルのハンドバッグや、プラダのサングラス、デザイナーズシューズを見せびらかすのはやめましょう。ジュエリーもたくさんつけすぎないでください

☒ **高すぎるハイヒール**

タワーのようなハイヒールをはいていきたくなるかもしれませんが、やめましょう。相手の隣をまっすぐ歩けないのはセクシーの真逆です。（２度目以降があるなら、ピンヒールをはく機会があるでしょうから！）

☒ **気合いの入ったフルメイク**

気合いを入れてファンデーションやチーク、スモーキーなアイメイクなどをばっちりしていってはいけません。キラキラメイクで顔をディスコボールのようにするのも、やめましょう。男性は、清潔感のあるナチュラルな外見が好きなのです。ＢＢクリーム、控えめなマスカラ、チーク、リップグロスだけで十分です

パーティスタイル

レッドカーペットさながらに
気合いを入れて！

Parties 3

何千万円もの貯金がなくても、スターのようなコーディネートは可能です。すべてはドレスにかかっています。見栄えが良く、スタイリッシュなものをえらびましょう（手持ちのリトル・ブラック・ドレスでもいけます！）。

私は、次の原則を意識しています。超シンプルな原則なのですが、実はハリウッドセレブのなかにもこの原則を忘れている人たちがいるのです（名指しはしませんよ！）。

露出しすぎて下品にならないようにする

大胆に脚を見せるスリットドレスや背中が開いたドレスを着るなら、胸の谷間は控えめにします。

下着のラインに気をつける

カメラはすべてをお見透しです。ブラや下着の線が見えていたりしませんか？　最悪ですよね。解決法は、シームレス下着です。

いざというときのためのお助けグッズ

パーティでは何が起きるかわかりません。ドレスのすそをふんづけたり、ヒールが折れてしまったり……。なにも起きてほしくないときに限って困ったことが起きてしまうというのは、本当なんです。そんなときはお助けグッズの出番です。

いざというときのためのお助けグッズ

＊**両面テープ**
＊**裁縫セット**
＊**バンドエイド**
＊**エチケットキャンディ**（パーティに集まる素敵な男性との出会いにそなえて……）
＊**生理用品**

パーティのスターになるには……

＊ドレス姿を事前に撮影して検討する
ワーストドレスにランクインしないためには、数日前に試着をし、あらゆる角度から写真を撮ってチェックしてください。気に入らなかったら、妥協せずに最初から計画し直しましょう

＊コンパクトなバッグを用意
レッドカーペットでは、イブニングバッグやクラッチはマスト。大きなバッグは家に置いてきましょう

＊アクセサリーはつけすぎない
ドレスに合うステートメント・アクセサリーをひとつえらび、それだけにとどめます。ネックレス、イヤリング、リングと揃えてしまうのはやりすぎです。イヤリングをえらんだなら、ブレスレットを加えてもいいでしょう。ネックレスの場合はリングを

＊なるべくヒールの高い靴をはく
靴はヒールの高いものをはきましょう。自分ではける限界の高さにしてください

＊メイクはやりすぎないように
赤の口紅とスモーキーなアイメイクは、どちらかひとつにします。両方やると、ゾンビルックになってしまいます。特別なことはせず、いつの世でも受け入れられる定番メイクにしましょう

＊写真写りの良いメイクにする
リップグロスは写真写りを良くしてくれます。アルガンオイル１滴をファンデーションに混ぜると、きれいな肌がつくれます。多くのメイクアップアーティストがやっている裏ワザです！

＊ボディや髪をグリッターで輝かせる
脚、胸、腕にグリッター入りモイスチャライザーを塗りましょう。これだけで全身が輝いて、美しく健康に見えます。セレブみたいなつやつやの髪にしたければ、細かいグリッターパウダーをヘアスプレーに混ぜましょう。みんながうっとりするようなツヤやかな髪になります

＊髪のボリュームがはエクステで
多くのスターが、ボリュームのある髪の持ち主に見えますが、あれは見せかけの場合も多いのです。髪の約半分がエクステンションなのです

＊フレンドリーにふるまう
気になる異性とは、カジュアルに視線を交わします

＊美しい笑顔を心がける
笑顔に気をつけましょう。歯を見せすぎないようにするのです。変なアドバイスかもしれませんが、大声や金切声で思い切り笑ったりするのも控えてください

＊リラックスする
リラックスすることが大切です。前の晩はしっかり寝ます。できればマッサージにも行っておきましょう。これでしっかりリラックスできるはずです

4 Weddings

ウエディングパーティのスタイル

花嫁を祝福する上品コーデに

愛があふれ、皆がハッピーな気持ちで、お祝いするなによりも幸せなイベント。ドレスアップするのは自分にとって楽しいものですが、もちろんこれは新郎新婦への敬意を込めるためでもあります。私は、個性的なドレスに、ハイヒール、カラフルなクラッチ、それに際立つジュエリーをひとつだけ——というスタイルです。

花嫁より目立たずに華を添える方法

上品なドレスを着る

ロングのイブニングドレス、カクテルドレス、または黒かダークネイビーの上品なジャンプスーツを探しましょう。

チェーン付きで肩にさげられるクラッチ

シャンパンをいただくときのために両手を空けられるようにします。

グリッターをほんの少しだけ髪やボディにつける

ダイヤモンドで飾るのとは違い、花嫁より目立つことなく、人々を振り向かせることができます。

NG コーデはこれ！

☒ **白いドレスを着る**
考えが古いと言われるかもしれませんが、ウエディングパーティで白いドレスを着るのは、自分が花嫁でない限り絶対にタブーだと思います。

☒ **デニムを着る**
結婚式では、絶対にカジュアルすぎる服装をしてはいけません。

☒ **黒一色で固める**
元カレの結婚式にあえて強烈なメッセージを送りたいというなら話は別ですが……！

☒ **肌の露出が多すぎる**
結婚式では、セクシーなのはやはり場違いになってしまうでしょう。

5
旅のスタイル

機能性重視の
賢くおしゃれなコーデ

Traveling

知らない土地で、自然や大都会の雰囲気を味わったりするのは楽しいものですが、ファッションがキマるともっと楽しくなること間違いなし！

旅行中のコーディネートのポイントは、スタイルのほかに、着心地の良さ、扱いやすさも大事。特に移動中は、工夫次第でぐっと快適になります。飛行場はもちろんランウェイではありませんが、だからといって、ジムの帰りみたいな格好をする必要はありません。機内でどんな素敵な人が隣に座るかわかりませんよ！

移動日の快適コーデ

楽な靴をはく

アンクルブーツなどの楽なブーツは、私の必需品です。機内では、ハイヒールを絶対にはきません。

ボトムは楽で心地よいものを

短いフライトなら、いつも楽なデニムをはいています。長いときは、とても柔らかいシルクのパンツです。ほとんど感触がないくらい柔らかい素材です。

重ね着をする

着脱のしやすいニットやカーディガンを着ます。

カシミアのニットを着る

良い具合に機内のエアコンから体を守ってくれます。

ソックスをはいておく

手荷物検査で靴を脱いだときに、裸足で床を歩かなければならないのは最悪です。

ジュエリーはつけすぎない

手荷物検査でいちいち外さなくてはいけないからです。

特大ショールや大きめのサングラスをもっておく

ふとしたときに、とても役立ちます。

セレブご用達の㊙アイテムはこれ！

＊〈ロディアル（Rodial）〉グラム・バーム・ワイプス

セレブ御用達のメイク落としシートです。スカーレット・ヨハンソンとレイチェル・ビルソンも、このすばらしいアイテムなしで飛行機に乗ることはないと言っています

＊〈リサ・ホフマン（Lisa Hoffman）〉スパ・フェイシャル・セット

これがあると、シエナ・ミラーやナオミ・キャンベルのような美しい肌で、飛行機を降りることができるのです

＊〈オスカー・ブランディ（Oscar Blandi）〉プロント・ドライシャンプー・パウダー

ブレイク・ライブリーのツヤツヤの洗いたてのような髪の秘密はコレ。到着前にこれをサッとスプレーすると、すごいツヤがでるのです！

＊〈ルイ・ヴィトン（LOUIS VUITTON）〉スーツケースや小物類

ヴィトンのスーツケースは旅慣れたセレブの必需品！　小物類もカスタマイズできます。パスポートカバーにイニシャルを入れてはいかがでしょう？

＊〈グッチ（GUCCI）〉ドッグバッグ

小型犬のワンちゃんは、高級なグッチのバッグで運んであげます

フライト中はこれで美容もカンペキ！

こまめに水を飲む

機内は肌がひどく乾燥するので、たくさん水を飲んでください。

お気に入りのスキンケアセットをもち込む

モイスチャライザーやフェイシャルソープのトラベルサイズをもっていきましょう。私は、ふだん使いの製品をトラベルサイズで買うか、自分で小さなボトルに詰めて使っています。ハンドクリームも欠かせないアイテムです。

フェイシャルマスクをつけてビューティー・スリープ

長いフライトは、保湿マスクをするのにうってつけの時間です。同乗者の驚いた顔は無視しましょう。マスクを顔に乗せたら、ついでに美しくなるための睡眠〝ビューティー・スリープ〟をとりましょう。私はいつもネックピローを持参します。首や肩がこるほど辛いことはありませんから。

アイマスクをつける

機内ではよく眠れないという方には、手荷物のなかにシルクのアイマスクを入れるのをおすすめします。私はこれをスタイリッシュ・ナップと呼んでいます。要は「起こさないでください」というメッセージです！

目薬をさす

疲れ目は美容の大敵！　目が乾燥しやすい人は、バッグに目薬をお忘れなく！

ミネラルウォーターのボトルスプレーをふきかける

ミネラルウォーターのスプレーは、暖房が利きすぎた長時間フライトの途中でリフレッシュするのに最適です。

Checklist 旅のチェックリスト

- □ シャワージェルと ボディローション
- □ シャンプーとコンディショナー
- □ デオドラント
- □ ヘアブラシ
- □ カミソリと シェービングクリーム
- □ メイク道具 （ファンデーション、チーク、マスカラ、アイシャドウ、口紅、リップグロス、アイペンシル）
- □ メイク落とし
- □ 歯ブラシと歯磨き粉
- □ 服用薬と痛み止め
- □ 爪切りとネイルファイル
- □ マニキュアとリムーバー
- □ 生理用ナプキン／タンポン
- □ コンドーム／ピル
- □ 香水
- □ ショーツ
- □ シャツとＴシャツ
- □ ワンピース、ドレス、スカート
- □ カーディガン
- □ ランジェリー
- □ ソックス
- □ 靴 （昼間用の楽な靴と夜用のヒール１足）
- □ ストッキング（ダークな色）
- □ 傘
- □ パジャマ
- □ iPod とスマホ＋充電器
- □ ドライヤー
- □ カメラ
- □ 航空券
- □ 身分証明書／パスポート
- □ キャッシュカード
- □ 財布
- □ チューインガム
- □ 本
- □ 外国語旅行会話本

週末のビーチならこれを忘れずに

- □ サングラス
- □ カメラ
- □ 良い本
- □ ビキニ
- □ キモノジャケット （エリなしロングジャケット）
- □ ビーチサンダル
- □ 日焼け止め
- □ ＵＶカットリップバーム
- □ アロエヴェラ（アフターサン・ローションとして）

Maternity 6

マタニティスタイル

負担の少ない服で特別な時間のおしゃれを楽しむ

妊娠中は、なかなか体調が最高という日は少ないと思いますが、せっかくのこの貴重な時期に最高のファッションを楽しんでみてください！お腹を見せたい妊婦さんもいれば、できる限り隠したいという妊婦さんもいるかと思います。柔らかくフィットするストレッチ素材のワンピースがおすすめですが、あまりお腹を目立たせたくないのであれば、派手なプリントや鮮やかな色のものではなく黒がおすすめです。

そのほか、レギンスやストレッチジーンズ（マタニティデニムでいちばんのブランドは、〈セブン・フォー・オール・マンカインド（7 for All Mankind）〉と〈ジェイ・ブランド（J Brand）〉です）、ロングチュニックなどはすべて、妊娠中のファッショニスタのマストアイテムです！

暑い日はマキシドレスで快適に

夏のマストアイテム。超スタイリッシュでありながら、とても着心地が良いのでおすすめです。

良い素材のものをえらぶ

妊娠中は体温が上がるので、合成繊維やウールのものは避けましょう。柔らかいカシミアかコットンを自分にプレゼントしたいものです。

ストレスにならないよう、服は着心地を重視する

あくまでも着心地の良い服をえらび、アクセサリーで遊びます。

らくちんラップドレスでストレスフリーに

ラップドレスは、体をやさしく包んでくれるので、妊婦さんにとって最高の発明です。ラップドレスの母・ダイアン・フォン・ファステンバーグにマタニティラインをデザインしてほしいものです。

夜はAラインワンピースでドレスアップ

夜のおでかけの予定があるなら、Aラインワンピースが無難です。ロングドレスを着るなら、肩をだしたりして、魅せる装いをしましょう。

キモノジャケット（エリなしロングジャケット）

理想的です。スタイリッシュで楽で出産後も着られます。

少しだけセクシーな服を着てみる

妊娠中は脚がむくみますし、体のなかではホルモンが陽気に飛び跳ねてセクシー気分どころではないと思います。とは言っても、女性らしさがアップした脚や胸の谷間を少しだけ見せるにはうってつけの時期。すごく魅力的な自分に気づくはずです。

オフの日は、とことんリラックスしたファッションに

ルーズなTシャツに人目を引くジャケット、そしてレギンス。仕上げは、大きなサングラスと、カラフルなスカーフ、すてきなハンドバッグで。

靴は快適で安心なものを

むくみや靴擦れが起きやすいので、バレエシューズ・ローファーがおすすめです。スティレットは避けましょう。あなたがレイチェル・ゾーなら別ですが（彼女は分娩台の上でもものすごく高いヒールをはいていたそうです！）。

ネットショップを利用する

ＡＳＯＳ（www.asos.com）のマタニティウェアセクションで、すてきな服を見つけましょう。ここはなにより、とても求めやすい価格が助かります！

日本語サイトはありませんが、日本への配送は一律$5.86（買いもの額$39.04以上無料）で対応しています（２０１７年３月時点）。

Smart Shopping

後悔しない新しい服えらびのコツ11

大事なのは、流行の服や高級ブランド品を買うことではありません。ではどのように大切な1着をえらべばよいのか、コツをご紹介いたします！

1. 欲しい服に合わせた装いで買いものに行く

あるパーティに着ていくドレスを探しにショッピングに行くとき私はハイヒール、口紅、ハンドバッグなどをもっていきます。そうすれば、その場でトータルコーディネートを見ながら買いものできるからです。こうすれば間違いなしです！

2. 白い服は透けやすいので要注意

白い服を買うときは、透けないかどうか念入りにチェックしましょう。試着室ではなかなかわからないのですが、ガーデンパーティでドレスが透け透けなんてこともあります。

3. デニムは1サイズ小さめをえらぶ

ジーンズのサイズで迷ったときは、1サイズ小さめをえらびます。デニムには、伸縮性があるからです。ヒップの下の生地がもたついているとカッコ悪くなってしまいます。

4.

着心地の悪い服は買わない

着心地は、実は見た目よりも大事。その美しいドレス、試着してみたら着心地が悪かったりしませんか？　どうしても欲しいその靴、小さめだけど慣れればきつく感じなくなるかも、などと考えたりしていませんか？　一言アドバイスさせてください。残念ですが、やめておきましょう！　どんなにおしゃれに見えても、そのアイテムは非常に高い確率ですぐにクローゼットの奥に入り込むでしょう。

5. コートの購入は慎重に

コートはかなり真剣にえらびましょう。ほかの服と違って、着ている姿を何度も見られるアイテムですから投資が重要です。

6. メンズにも挑戦してみる

見逃してはいけないトレンド。それはメンズウエアです。ぜひなにか1着試してみてください。バランスをとることが重要なので、口紅をつけ、ハイヒールをはきましょう。

7. 服の裏側の縫製をチェックする

服の裏側がきれいに縫製されているなら、たいてい外側もていねいに仕立てられているはずです。

8. 靴はつま先がちゃんと動くかチェックする

靴のショッピングでは、つま先を動かせる状態のものをえらぶことがマスト。たとえ先のとがった靴でもです。ただし、足は買いものをしているあいだにむくむということを念頭に置いて、サイズをえらんでください。

9. 固定観念を捨てる

人は習慣にとらわれる生きものですが、ショッピング中は固定観念にとらわれないようにしましょう。

「すてきなブローチが売っているけど、自分はもともとブローチをしないからなぁ……」と考えるなら、ブローチに挑戦してみるか、それが難しければ、そのブローチに合うゴールドチェーンを見つけて、ペンダントにしてしまえばよいのです。そのほかにも、いつものバレエシューズをクリップタイプのイヤリングで飾れば、オリジナルのイブニングシューズになります。クリエイティブに遊び心を加えるのです!

10.

慣れないタイプの服も試着してみる

「素敵だけど私のスタイルじゃない」と思うアイテムは、必ず試着してみます。もしかしたら、自分でも意外な結果に驚くかもしれません。

11.

買いものにマイスタイルブックをもっていく（132ページ参照）

自分のクローゼットにはなにが足りないかがわかります。マイスタイルブックがあれば、ショップで大量の服に舞い上がって狂喜乱舞することも避けられます。

ショッピングにベストな服装はコレ！

簡単に脱ぎ着ができる服がベスト！

* タンクトップとカーディガン
* レギンスかジェギング（レギンスのようにフィットするデニム風パンツ）を単独でパンツとしてはくかワンピースの下にタイツとしてはく
* ストラップがなく脱ぎはきがラクな靴

私のバーゲン戦利品ベスト5

1
〈ヒューゴ・ボス（HUGO BOSS）〉
黒のレザージャケット

2
〈イヴ・サンローラン（YSL）〉
リトル・ブラック・パース
（黒の定番ハンドバッグ）

3
〈プラダ（PRADA）〉
ファスナー付き定番ハンドバッグ

4
〈モスキーノ（MOSCHINO）〉
金のロゴバックル付きブラックベルト

5
〈エルメス（HERMES）〉
ブラウンのケリーウォッチ

Getting A Great Deal

着用単価を計算して本当に必要な服だけを買う

「わあ！　たったの20ユーロ？　買うしかないでしょう！」

いいえ、そんなことはありません。以下のことが当てはまったら、セールでも「買ってはいけない」というサインです。手をださずに、通り過ぎましょう！

サイン1　**そのアイテムに夢中というわけではない**
サイン2　**定価なら絶対買わない**
サイン3　**おそらくめったに着ることがないと思う**

そのアイテムを本当に買う必要があるか検討するときにおすすめしたい基準があります。それは、〝着用単価〟です。

着用単価を念頭に買いものをする

あなたは、３万円をもってセールに行くとしたら、10着の安いトップスを買いますか？　それとも上質で高価なジャケットを１枚だけ買いますか？　私は、買いもののときはこう自問しています。
「この服は頻繁に着るだろうか？」
「クローゼットのほかのアイテムと組み合わせが利くだろうか？」
この質問にパスすれば、私は価格が高めでも買うことがあります。低予算におさえるために、安い服を買うというのは大間違いです。重要なのは、アイテムの価値であって、価格そのものではないのです。

たとえば、上質のコートに５万円払ったとします。年に100回、５年間着たとすると、１回の着用ごとのコストは100円ということになります。一方、５回しか着ないトップスに3000円を払ったのなら、着用単価は600円になります。つまり、こちらのほうがよほど高くつくということなのです！

アイテムの価格÷想定着用回数＝着用単価

（１回着用ごとの実際のコスト）

この計算式は、高価なものを買うための口実にすぎないと主張する人がいますが（まあ、それも事実かもしれませんが！）、私にとっては、優れた価値基準だと思っています。実際、高価なシャツはきちんとハンガーにかかっている一方、安いという理由だけで買ったＴシャツは引きだしの奥に丸まっています……。

Upgrading Your Wardrobe

セールで賢く買ってクローゼットをレベルアップ

セールのことを考えると、私は心が熱くなってソワソワしてしまいます。セールを上手に活用して最高のお買い得品をゲットすれば、お金をかけずにクローゼットのなかをグレードアップさせることができますよ。

1. ピークの時間を避ける

アイテムの選択肢が多いセール初期か、逆にできるだけ遅いタイミングに行きましょう。セールが終わりに近づいてくると、割引率が大きくなるのです。

2. ふだん買わない高価なアイテムに投資する

セールは、高価なアイテムを買うのにもってこいです。レザージャケットやゴージャスなハンドバッグなどに出会えるチャンス！　魅力的な小物類などに投資する機会としても最高です。すばらしい靴や、個性的なジュエリーをセールで買い集めてはいかがでしょうか？

3. 思い切って多色買いする

パーフェクトなベーシックアイテムがお買い得になっていたら、色違いで購入するのも手です。最高の投資になります。ランジェリーも同じです。身につけているのを忘れてしまえるほど快適にフィットするブラを見つけるのがどれほどたいへんか、皆さんご存じですよね。そんなブラがもしセールで見つかったなら、白・黒・ヌードカラーと迷わずまとめ買いです!

4. ドレスはセールのうちに買っておく

カレンダーで、翌月のパーティやイベントの予定をチェックします。結婚式やフォーマルなパーティなどはありませんか? 先に買っておけば、ふだんは高くて手の届かないショップのドレスを着られるかも!?

5. 好きなショップの店員さんに耳寄り情報をもらう

お気に入りのショップのスタッフと仲良しになります。あなたの気に入ったアイテムがいつごろセールのセクションに移るか教えてくれたりします。

6. 高級ブランドでは看板アイテムを買う

高級ブランドのアイテムが欲しいときは、そのブランドの看板アイテムをえらびます。ステラ・マッカートニーのブレザーや、ヘルムート・ラングのレザーもの、ランバンの黒のパーティドレスなどはいかがですか? どんなに安くても、ザラやH&Mなどファストファッションのセールはおすすめしません。

7. ファッションアイテム検索サイトを利用する

ファッションアイテム検索サイト〈ショップスタイル（Shop Style 日本語サイト：www.shopstyle.co.jp/）〉がおすすめです。各ファッションアイテムがどのオンラインストアでいちばん安く売られているかが一目でわかる最高に便利なサイトなんです！

気に入ったアイテムを見つけたら、「セール通知を登録」をクリックしてみてください。そのアイテムが値下がりしたら、メールで通知が届きます！

8. ネットで買う

ネットショッピングを利用しましょう。欲しかったアイテムが在庫切れなら、オークションサイトもチェックしてみてください。なにかしら見つかる可能性が高いです。

9. オンラインクーポンをフル活用する

おすすめのオンラインクーポンサイトは、〈リテイルミーノット（Retail Me Not www.retailmenot.com）〉です。「20％オフ」「送料無料」「20ユーロのギフト券」などのクーポンを入手できるので、ネットショッピングする際には、必ず事前にチェックしています。

Vintage Items

ヴィンテージをうまく使えば高級ブランドだって買える

古着にはそれぞれにストーリーがあり、「古ければ古いほどクオリティが高い」というのが基本法則。

ディテールにこだわってつくられたものが多いうえ、同じものを着ている人はまずいないので超おすすめです。お手ごろ価格の高級ブランドアイテムとの出会いもたくさん！

ヴィンテージの賢い活用法

1. 買う前に必ず試着する

着てみることで、汗やデオドラントのシミ、小さな穴、破れなどのダメージがないかがちゃんとわかります。

2. 発色をチェックする

色落ちや色褪せがあったらNGです。

3.

サイズ表示は気にしない

数十年前と現在とではサイズ表示が違うので、自分にフィットすればＯＫ！

4.

服づくりのプロと親しくなる

ヴィンテージは難しい部分もあります。たとえば、70年代のジャンプスーツと２０１３年のそれを単純に比較することはできません。フィット感、生地、素材のすべてが異なるからです。縫製スタッフやテーラーと仲良しになることがおすすめです。あなたのサイズだけでなくテイストまでよく知ってくれている人は貴重な存在。

5.

高級ブランドの代表的なアイテムをゲットする

たとえば、70年代の、ディオールとシャネルのスーツ、プッチ、グッチ、サンローランのブラウスは常にマークしたいものです。ただし、念のため信頼できるお店で買いましょう。巻末のショップリストをご参照ください。

6.

ヴィンテージものと今風アイテムをミックスする

上から下までヴィンテージで固めるのは、絶対にＮＧ。どうすればよいのかというと、現代の黒のワンピースにヴィンテージのイヤリング、といった組み合わせならパーフェクトです！

7.

風にあてて古着臭を減らす

古着特有の臭いが気になる場合は、なるべく風にあてるなどしてください。

ちなみにヴィンテージ服を絶対にビニールの衣装カバーで覆ったままにしないでください。生地が呼吸できなくなってしまいます。

8. ボタンを変えるだけで、現代風になる

簡単な裏ワザ。ヴィンテージジャケットのボタンを変えるだけで、一気に現代風になります。

9. 靴は、必ず底とヒールをチェックする

はいてみて、底やヒールがまだしっかりしているか確認しましょう。

偽ヴィンテージにダマされない方法

偽物のヴィンテージアイテムもでまわっていますので要注意です。次の4つのルールを参考にしてください。

ルール1
信じられないほど格安で売られていたら、信用してはいけません。たとえばシャネルの中古のハンドバッグが3万5000円などで売られていたら、疑ったほうがよいでしょう。

ルール2
ディテールをよく見てみましょう。ヴィンテージ服は、ディテールにこだわって手づくりされたものです。縫い目がまっすぐでなかったら即刻アウトです。

ルール3
ヴィンテージショップで、同じシャネルのハンドバッグが10色揃っていたりしたら……すべてを置いてすぐに逃げだしましょう！

ルール4
購入前のちょっとした調査が大いに役立ちます。「バーキンにこんな色は存在したかな？」と思ったら、グーグル検索をするか、エルメスの公式ウェブサイトでチェックしましょう。

Your Style Book

マイスタイルブックをつくれば毎日の服えらびに困らない

クローゼットいっぱいの服をもっているのに、「着ていく服がない」と思う人は、デザイナーズ・ブランドでよく見るスタイルブックを、自分の写真でつくってみてください。自分のワードローブ・コレクションを〝自分に〟発表するのです。

自分のスタイルブックをつくるなんて、「え?」と思うかもしれませんが、ちっとも変なことではありません。「時間の節約」と「全体像の把握」に役立つこと間違いなし！「クローゼットに足りないアイテムはなにか」「どの服とどの服が合うか」がすぐにわかります。コーディネートを決めるときに、いちいちクローゼットをチェックしにいく必要がなくなります。

私の場合は、朝食を食べながらマイスタイルブックをざっと見ていきます。だいたい2分も見ていると「これだ!」という瞬間が訪れます。

超カンタン！マイスタイルブックのつくり方

市販のクリアファイルでもつくれますし、タブレットに写真を入れるだけでもカンタンにつくれます。

Step 1. すべてのアイテムの写真を撮る

自分のクローゼットの内容を把握する必要があります。すべての服とアクセサリーの写真を撮りましょう。

Step 2. ミニ・デトックスをする！

せっかくなので周りの意見を聞きましょう。女性でも男性でもかまいませんのでおしゃれな友達を呼んで、それぞれのアイテムについて2つの質問に答えてもらいます。

- **これはまだイケているか？**
- **あなただったら、この1年間にこれを身につけたか？**

「ノー」なら、そのアイテムは処分します。捨てたくない気持ちはわかりますが、数は少なくてもおしゃれな服をコーディネートするほうが、数は多いけどおしゃれではない服をコーディネートするより、格段にカンタンなのです。

Step 3. シーン別・季節別に分類する

すべての写真を仕事、デート、パーティといったように、シーン別に分類していきます。ワードローブは、季節別に分けるのも便利です。

Step 4.

組み合わせを考える

どのパンツがどのトップスと、どのジャケットがどのパンツと、どの靴がどのワンピースと合うか、コーディネートを最大限考えます。固定観念にとらわれないで、意外な組み合わせにも果敢に挑戦してください。

Step 5.

コーディネートした写真を撮る！

気に入ったコーディネートの写真を撮りましょう。カメラにタイマー機能がついていないなら、友達や家族に撮ってもらいましょう。

鏡はキレイに見えるように表情や角度などを無意識のうちに自分で調整してしまうので100％信頼することはできませんが、カメラなら大丈夫。あらゆるアングルから撮って、あとで批判眼をもって見ると自分を客観的に分析することができます。これは本当に役立ちます。

Step 6.

コーディネート全体を考える

重要なのは服だけではありません。メイクやヘアもコーディネートの一部。各コーディネートに、どんなヘアスタイルやメイクが合うか、書きとめておきます。

服を探しにいくときは、マイスタイルブックを持参して、次のようなことを意識しながら買いものすれば、無駄づかいを防ぐことができますよ！

- **このトップスは手持ちのボトムに合わせやすいか？**
- **このアクセサリーはふだんのコーデに使えるか？**

#05 ストッキングやタイツとピープトゥパンプスを合わせる

ピープトゥパンプスのつま先の少し開いている部分から、ストッキングやタイツが見えてしまっては台無しです！

#06 プラットフォームシューズ

厚底靴です。女性にもあまりおすすめではありませんが、特にいただけないのが、男性のプラットフォームシューズ。許されるのはデヴィッド・ボウイだけです。

#07 靴とバッグをお揃いにする

私にとってスタイリッシュとは肩の力が抜けていて気取らないこと。カッチリ合わせすぎると抜け感がなくなります。

#08 ウエストポーチ

あの、お腹に巻いてジッパーで開け閉めするバッグのことです。絶対にＮＧです。

NG Fashion

これをやったらもったいない！
絶対避けたいNGファッション8

もちろん個人の好みによるのですが、私の主観でバッサリいかせていただきます！

#01 上から下まで高級ブランドで固める

これはもう時代遅れ。高級ブランド服を着るなら、ヴィンテージや手ごろな服を組み合わせて、独自のアレンジを加えましょう！

#02 タイトなトップスとタイトなパンツを合わせる

タイトなトップスにはルーズなパンツやスカートを合わせるか、その逆に、ルーズなトップスにタイトなパンツを組み合わせるのがベスト。バランスが重要です。

#03 レオパード柄のタイトなワンピース

レオパード柄は大好きですが、タイトなシルエットのワンピースをうまく着こなしている人を見たことがありません。

#04 ソックスでサンダルをはく

私にはこれはどうしてもおしゃれに見えません……。

Chapter 3

世界のファッショニスタが教えてくれた

“毎日が楽しくなる究極のビューティーライフ”

Beautiful Life

Red Carpet

毎日をレッドカーペット・デーにする

本書をご覧いただくとわかるとおり、私は、ファッションウィークなど、華やかなこの業界でいかに自分を際立たせることができるか努力してきました。

でも、もちろん人生において本当に大切な日というのは、ファッションウィークよりも日々の日常だとわかっています。そこで、ここで提案したいことがあります。

それは、毎日を〝レッドカーペット・デー〟と思うことです。

わざわざフォーマルなパーティに行くような格好をしなくても、日々のワードローブで心をときめかせることはできます。

職場で最悪のことがあった日。人でごった返すショッピング街で紙袋がまっ二つに破れてしまった日。秋雨でずぶ濡れになって帰宅する日。人生は、自分の望むような晴れやかな日がいつも訪れるわけではありません（少なくとも私の場合は）。

でも、「大きなカクテルリングをしてスーパーに行ってはいけない」「スパンコールのニットでランチに行ってはいけない」などという決まりはありませんよね。実はこれ、気分が曇りの日に光を差してあげるいちばんの方法なのです。

どんな日でも、気合い十分のすてきなアイテムを身につける口実は見つかりますし、理由がないならつくればいいのです。

日々のアイテムに輝きのエッセンスを加えるだけで、とても特別で大切な1日に感じることができます。

さぁ、ランジェリー、スマホ、自分の手……と、あなたが毎日使うものをリストアップしてみてください。そのすべてに、さりげない輝きのエッセンスを加えましょう。たとえば、おしゃれなスマホケースを買う、エレガントなランジェリーを身につける、上質な佇まいのネイルを自分へのご褒美にする、といったように。

Beautiful Days

毎日を輝かせる24のエッセンス

毎日をレッドカーペット・デーにするために、ちょっとしたアイデアで気分を盛り上げましょう。

1. 1杯のドリンクで心地良く1日をスタートさせる

1日を気持ちよくスタートさせる最高の方法。すてきなカップを手に入れて、芳醇なコーヒーや熱々のお茶を淹れた至福の1杯を楽しみましょう。

2. 自信を与えてくれるメイクを施す

強調したい自分の長所に重点を置いたナチュラルメイクを施します。目元が美しいならば、さりげないアイライナーとマスカラで。しっかりした頬骨が自慢なら、ハイライトで際立たせてください。唇と歯が美しいなら、深紅の口紅で彩りを。

3. 口元を美しくする

仕上げは清潔できれいな口元に。私のお気に入りは、〈シャネル（CHANEL）〉です。

4. 自分にフィットする服を着る

自分にぴったりフィットする服こそが真の華やかさを醸しだします。体にフィットしないものはすべてお直しにだしましょう。

5. 髪の香りでフェミニンな気分になる

いい香りの髪は気分を盛り上げてくれますよね。私は大好きな香水ブランドのヘアフレグランスを毎日使っています。歩いているときにふわっと香ると、とてもフェミニンな気分になります。

6. 〝かわいい〟をやめる

気品ある大人の女性をめざすなら、〝かわいい〟を狙うのはやめます。

7. 香水をふりかける

お気に入りの香水をひと吹き。朝は軽めで元気な気持ちになる香り、夜は少し強めでセクシーなものに変えます。空中にシュシュッと吹き、そこを通って歩きます。スーパーモデルはそうしているのです。瞬時にグラマラスな気分になれますよ。

8. 上質な素材を纏《まと》う

上質な素材は、それだけでコーディネートを格上げします。良い素材は、シルエットを美しく包み、形や色も長く保ちます。カシミアとシルクがおすすめです。

9. 仕事は時間に余裕をもって行動を

仕事には時間に余裕をもって家をでましょう。パーティやお呼ばれならあえて少し遅れて行ってもいいかもしれませんが、汗だくでハーハー言いながらミーティングに遅れて入っていくのは洗練されては見えません。

10. 正しい姿勢を維持する

姿勢に気をつけましょう。肩を丸めず、頭を上げ、堂々と歩いてください。

11. うわさ話はしない

人のうわさ話はしないようにしましょう。もっと大事なやるべきことがあるはずです。ポジティブなことのみに時間を費やしてください。

12. プライベートをさらさない

個人的なことを人に話しすぎないようにしましょう。どんなに親しい相手でもです。ヴェールに包まれていたほうが、ミステリアスで人の興味を引くものです。

13. ショッピングを計画する

ニューヨークやミラノなど、ファッションの都への旅を計画しましょう。ショッピングに明け暮れてください。

14. 趣味に取り組む

楽しい趣味を見つけましょう。外国語（イタリア語がおすすめです！）を学んだり、スポーツをしたり、自分のなかにひそむアーティストを探したりしましょう。

15. 美しい花で気分を高める

家中にバラやシャクヤクを飾ると、驚くほど気分が上がります。ベッドサイドテーブルに生けてみてはどうでしょう？

16.

キャンドルを灯《とも》す

キャンドルは女性のベストフレンド！　大切な人とのロマンチックディナーにも、ひとりでゆったり過ごすひとときにも、キャンドルはマストアイテムです。香りもよく、その炎は、肌を驚くほどきれいに見せてくれる効果もあります。私は〈ディプティック（Diptyque）〉を愛用しています。安くはありませんが、使い切ったあとの容器を、メイクブラシ入れとして使うなどしています。

17.

バスタイムで極上リラックス

髪をルーズにまとめ、シャンパンかワインを1杯注ぎ、リラックスできる音楽をかけ、バブルバスにつかりましょう。最高です！

18.

ネイルケアをする

手は1日中使い続けるものです（特に私のように何時間もパソコンの前に座り続ける人は）。そして手は、男性に最初に見られる部分であることが多いのです。ですから、ネイルサロンを予約するか、自分の時間を1時間確保してマニキュアとペディキュアを塗りましょう！

19. 読書を愉《たの》しむ

本をたくさん読みましょう。本はあなたの心を広げ、毎日の苦労から逃避させてくれ、なにより物事を学ばせてくれます。ソファに座るなら、リモコンを手にするより、本を手にしたほうが、はるかにエレガントです。

20. ファッションのバイブルを読む

私は、『ヴォーグ（VOGUE）』を読んでいます。

21. 寝室をきれいに保つ

私にとって、家のなかでいちばん重要なのがベッドルームです。ですから塵ひとつない状態にしています。

22. パリに滞在する⁉

なかなかできることではないとは思いますが、もしチャンスがあれば、ぜひパリに滞在してみてください！　とても魅惑的な体験になること間違いなしです！

23. マカロンをたいらげる

大箱のマカロンを買って、たいらげましょう。嘘です^_^

24. 心地よい睡眠をとる

なめらかな肌触りのタオルと毛布。説明は不要でしょう。

Makeup

おしゃれに見えるあか抜けメイク術

メイクはナチュラルに仕上げるのがあか抜けてみせるコツ。

白状します……私、実は朝、顔を洗いません。寝る前にしっかりクレンジングしているのに、朝また洗う必要があるのでしょうか？　怠けているだけなのですが（笑）。ということで、朝はBBクリームからスタート。ファンデーションはパーティに行くのでない限り、しまっておきましょう。BBクリームのあとは、コンシーラーで目の下のクマを隠します。

#1
メイクは盛りすぎない

「唇」か「目元」のどちらか片方のみに重点を置くのが大事なポイント。私は、ふだんは唇に重点を置いて、目元はカーラーをして、上まつげに少量のマスカラを塗るだけ。昼間はこれで十分です。夜になったら、ブリジット・バルドー風のスモーキーな目元を黒のアイシャドウでつくります。

とは言っても、その日の予定やコーディネートによって、メイクを変えています。

#2
ハイライトとコンシーラーで顔にメリハリをつける

この2つは別物ですので、きちんと両方に投資しましょう。コンシーラーでクマやシミなどをきちんと隠し、ハイライトで顔のパーツに輝きを与えます。

#3

チークやシャドウはあえて指でつける

チークやシャドウはクリームタイプをえらびます。仕上がりがナチュラルになるので、パウダーよりもはるかにナチュラルでアカ抜けます。ブラシやスポンジを使わずに、手で塗りましょう。

ただし、パーティやディナーに行くときは、プロ仕様のブラシやスポンジを使っています。カバー力が増し、プロのような仕上がりに。

#4

キスしたくなる唇をつくる

グロスやバームを塗って、キスしたくなるやわらかい唇に。グラマラスに仕上げたいときは、ためらわずに鮮やかな赤リップを使ってください。肌の色や顔立ちに合わせて自分にとってベストな色をえらんでおくといいですね。

もっと素敵になる方法はこれ！

＃1 自分の個性を最大限生かす

気に入っている顔のパーツや個性をメイクで強調しましょう。個性は、自分次第で短所にも長所にもなります。ハリウッド女優のアンジェリーナ・ジョリーは、しっかり口紅を塗って、印象的な唇をさらに強調していますよね。

＃2 自分に合うメイクを見つけるまで試行錯誤する

メイクはすぐ落とせるので、さまざまな色やテクスチャーのものを試してください。自分の顔にいちばん似合うものが見つかるまで繰り返します。YouTubeなどの動画サイトを見れば、無料でたくさんのアドバイスを得ることができますよ！

＃3 メイクのプロにアドバイスをもらう

化粧品ブランドのカウンターに10分間座っただけで人生が変わることもありえます。良いアドバイスは、値段がつけられないほど貴重です。

＃4 自分に合ったファンデーションの色をえらぶ

顔と首の色が違っていないか、いつもチェックしましょう。ファンデーションを塗るのであれば、厚くならないよう要注意。肌につやがでる程度の量がベストです。

＃5 メイクはできるだけ早く落とす

帰宅後まっ先にするべきことは、メイク落とし。私は〈ビオテルマ〉のサンシビオ H_2O を愛用しています。このクレンジングウォーターは、ベースメイクだけでなくアイメイクも一気に落とせるスグレモノ。実はこれ、ファッションウィークのバックステージでメイクさんから教わったんです。

＃6 スペシャルケアで肌をいたわる

週に1回は、クラリソニックの音波洗顔ブラシでディープクレンジングをしたあとに、フェイスマスクで栄養補給をしています。スクラブも週に1～2回します。肌の自然な保護膜を保つために、スクラブは毎日しないようにしています。そして、たまにメイクをまったくしない日を設けます。あなたの肌もお休みを欲しがっていませんか？

＃7 肌に良い食べ物をえらぶ

食べたものが肌に反映されます。アボカドと脂肪の多い魚をたくさん食べ、水とお茶を飲み、おやつはナッツに。ダイヤモンドのように肌が輝きます。

＃8 中国茶の〝白茶〟をたくさん飲む

白茶には、シワを防ぐ効果があるとメイクさんが教えてくれました。もし効果がなかったとしても、おいしいお茶を毎日飲めるので損はしません！

Hairstyle

無造作ヘアなら、こなれた大人の余裕を醸《かも》しだせる

ヘアスプレーをたくさん使ってきっちりセットした髪は、古臭く見えて老けた印象になってしまいます。私がシャンプーするのは実は2～3日に1回。すると無造作感のあるナチュラルヘアになります。

ただし、髪に関してはお金を惜しまずに高品質のケアグッズをえらび、毛先まできちんとケアします。お財布が許す範囲で腕のいいヘアサロンのスタイリストさんを探してください。髪型を変えるときは、自分とスタイリストさんがイメージしているヘアスタイルが一致しているかていねいに確認したほうが安心です。

もうひとつ大事なのが、自分に一番似合うヘアカラーを見つけること。それは、メイクをしていなくても肌がきれいに見える色です。

私は自分に似合うヘアスタイルやカラーがなかなか見つからず、本当にたいへんでした。ヴィクトリア・ベッカム風スマートボブやダークブラウンの髪もダメで、ゴールドブロンドやイエローブロンドは、レディーガガには似合うのですが、私には最悪でした。

何度も染めなおして傷んだ髪を修復してくれる食べ物をご紹介します！

髪を美しく輝かせる食べ物はこれ！

＊**パンプキンシード**（朝食と一緒に食べています。おいしい！）
＊**ナッツ**（これもいつもの朝食の一部です）
＊**濃緑色の野菜**（ホウレンソウやブロッコリーなど）
＊**脂肪の多い魚**（私の好物）

髪が最悪な日のカモフラージュ法はこれ！

目を覚まし、ベッドからでて、鏡を見ると……「えええええっ⁉」ということはありませんか？　それがバッドヘアデイ。どんなに美容に気をつかっている人にも起きることです。でも、慌ててヘアアイロンとスタイリング剤には手をださないで！　これらは逆効果です。こんな日は、髪を休めてあげましょう。

ではどうすればよいかというと、セレブがよくやっているルーズなゆるいお団子ヘア〝メッシーバン〟か、タイトなポニーテールに。スタイリッシュにカモフラージュできますよ。髪を結ぶのが苦手なら、サンローラン風のリトル・ブラック・ハットの出番です。

それでもうまくカモフラージュできないときはドライシャンプーです。〈クロラーヌ〉のドライシャンプーがおすすめ。この秘密兵器をバッドヘアにたっぷりスプレーすると、一瞬でかなりマシになります。

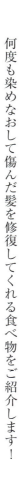

Hair Care

髪を7倍きれいにするナチュラルレシピ

手持ちの食材で簡単にナチュラルヘアマスクが完成！　温めて使うと栄養分が毛根まで浸透しやすくなります。

1.

ココナッツオイル

ココナッツオイル（100％無添加のものに限ります！）を、乾いた髪に揉み込み、20分置いてからいつもどおりにシャンプーします。パサパサの髪に効果抜群！

緑茶

緑茶のティーバッグをお湯に4時間以上浸し、シャンプー後に緑茶でリンスします。これを日常的に行うと、髪に美しいつやがでて、ボリューム感も増します。

2.

ビールやお酢

ビールやお酢でリンスすると、まぶしい輝きを放ちます。

3.

はちみつ

小さじ数杯のはちみつを加えたコンディショナーを髪になじませ、15分置く。くせ毛や縮れ毛の予防してくれます。

4.

はちみつ＋オリーブオイル

はちみつ大さじ4とオリーブオイル大さじ6を混ぜると、最高のヘアパックに。15～25分置いて浸透させ、よく洗い流します。

5.

はちみつ＋アーモンドオイル＋リンゴ酢

枝毛のあるドライヘアにおすすめのレシピ。はちみつ大さじ2＋アーモンドオイル大さじ1＋リンゴ酢大さじ1をよく混ぜ合わせて髪につけ、しばらく放置して洗い流します。

6.

マヨネーズ

マヨネーズのヘアパックはさすがに「ゲッ」と思うかもしれませんが、信じられないほど効果的なのです。マヨネーズを髪に塗って、しばらく放置してから洗い流します。つやつやの髪が30分で完成です！

7.

Skin Care

食材を使った節約おうちエステで十分キレイになれる

美容は毎日の積み重ねが大事。高価なものを使ったり、忙しいなかエステに通うのはたいへんですよね。手ごろな価格&毎日使っても安心安全なケア法をご紹介します!

1.

アボカドパック——肌が乾燥したときの応急処置

次の4つを混ぜて、顔と首に塗り、10分間放置して洗い流します。赤ちゃんのようなしっとりした肌の出来上がりです。

* アボカド……半分
* オリーブオイル……大さじ1
* ハチミツ……大さじ1
* レモン汁……数滴

2. ヨーグルトパック ――肌トラブルを解決

ヨーグルトとオートミールを混ぜて、厚く顔に塗ります。15分置いて、水で洗い流します。

＊ヨーグルト……1カップ
＊オートミール……2分の1カップ

3. リンゴ酢 アクネスポッツ ――ニキビにさようなら

リンゴ酢をそのまま少量塗るだけで、ニキビを安上がりに治してくれます。

4. シュガーフェイススクラブ ――ピカピカのお肌に

私がお肌に塗っているバスルームの常備品はなんだと思いますか？　ボウルに入った砂糖です。実は砂糖はフェイススクラブになります。

顔を濡らし、指で砂糖を取って、顔にやさしくスクラブします。冬は唇や手にも。バターのようななめらかな肌になります！

5. オレンジボディスクラブ ――ヒジ&ヒザをツルツルに

半分に切ったオレンジをヒジとヒザに擦り込みます。市販の高価なスクラブよりもはるかに安上がりなのに、同じくらいの効果があります！

Celebrity Beauty Secrets

憧れのセレブ直伝㊙ビューティー術

にんじんスムージーのつくり方

にんじん・生姜・ビーツ・オレンジを適量用意してミキサーにかける

1.

にんじんスムージー

トップモデル

ケイト・モス

ロンドンの記者会見場でケイト・モスに会ったとき、あまりの肌の美しさに驚きました（夜な夜なパーティにでかけ、ドラッグにも溺れているというロックンロールな生活のうわさが事実だとすると、並大抵の努力ではないと思います）。

私は、すかさずケイトから美の秘訣を聞きだしました。それは、なんと毎朝のにんじんスムージーと〈ドゥ・ラ・メール（De La Mer）〉のクリーム。体の内側から肌に栄養を与えているのですね。

このスパイシーでおいしいスムージーが、私にもケイトのルックスを授けてくれるといいのですが……。

2.

生姜入りはちみつレモン

ファッションデザイナー

ダイアン・フォン・ファステンバーグ

ダイアンは本当に感じの良い女性で、お気に入りのホットドリンクのレシピを教えてくれました。美容だけでなく、冬の風邪にもよく効きます。

生姜入りはちみつレモンのつくり方

生の生姜の皮をむき、サイコロ状に切って煮る

レモンとはちみつで味をととのえる

3.

ワセリン

伝説のスーパーモデル

シンディ・クロフォード

ファッションウィークで、ある有名なメイクアップアーティストから、あの美貌を保っているシンディ・クロフォードのシワ対策の秘密兵器を聞きました。それはなんと……ワセリンです！　目の周りにワセリンを塗って、小ジワやシワを予防しているそうです。これはやってみる価値がありですね。

ちなみに、ワセリンはまつげの優れたコンディショナーにもなります。

4.

じゃがいも目元パック

人気タレント

ローレン・コンラッド

アメリカのリアリティ番組『The Hills（ヒルズ）』で一躍スターとなったローレン。ヘルシービューティーなLAガールがおすすめする美容法は、じゃがいものスライスです。スライスを冷蔵庫で冷やし、さらに冷たい水に数秒浸し、疲れた目に15分間のせるのです。シャキッとします。

5.

〈ツィーザーマン〉の毛抜き

女優・デザイナー

メアリーケイト・オルセン

メアリーケイトの秘密は、〈ツィーザーマン（Tweezerman）〉のプロ用スラントツイーザー（毛抜き）です。メアリーケイトの眉が世界一美しいのもこれでうなずけます。

6.

クリームカラーのアイライナー　キャンディス・スワンポール

ヴィクトリアズ・シークレットのエンジェルなどで大活躍のキャンディスが、過酷なファッションウィークの最中でも疲れ顔を見せないためにどんな工夫をしているか、私に教えてくれました。

その秘密兵器は、白っぽいクリームカラーのペンシルアイライナー。これを目頭と目じりに入れると、微妙なゴールドの輝きがでて、目がいきいきと輝いているように見えるのです！

セレブお気に入りの香水はこれ！

キスされたい場所につけるのも良いですし、空中に向かってひと吹きし、そのいい香りの霧のなかを歩くのもグラマラスな瞬間ですね。私のお気に入りは、〈シャネル〉ココヌワール、〈ディオール（Dior）〉ジャドール、〈メゾン・マルタン・マルジェラ（Maison Martin Margiela）〉ビーチウォークです。

＊ブリジット・バルドー
〈ゲラン（GUERLAIN）〉ジッキー
＊マリリン・モンロー
〈シャネル（CHANEL）〉No.5
＊グウィネス・パルトロウ
〈トム・フォード（TOM FORD）〉
ブラックオーキッド
＊カトリーヌ・ドヌーヴ
〈ゲラン（GUERLAIN）〉
ルールブルー
＊ブレイク・ライブリー
〈バーバリー（BURBERRY）〉
ザビート
＊ケイト・モス
〈ペンハリガン（Penhaligon's）〉
ブルーベル

Nail Care

ネイルケアをすれば洗練度がアップする

手元が美しい女性は、うっとり見とれてしまいますよね。
とくにマニキュアは、コーディネートに華を添える重要アイテム。
次の４つは、すべての女性におすすめしたい色です。

＊深紅
＊バーガンディ・レッド
＊ヌードカラー
＊ブラック（意外でしょうか⁉）

ネイルの秘訣はこれ！

＊爪をオリーブオイルに５分間浸します。

爪を美しく健康に保つための安上がりで最高な方法です！

＊マニキュアとペディキュアの色を同じにすれば、それだけで調和のとれたコーディネートになります。

＊貴金属でないリングは、指に薄緑色の痕がついてしまうことがありますよね。そんなときは、リングの内側に透明のマニキュアを塗れば問題解決！

美しいマニキュアの塗り方

❶ ファイリングをして形を整えます。

❷ 爪と爪の先がきれいなことを確かめ、ベースコートを塗って乾かします。ベースコートは、爪の変色を防ぎます。

❸ マニキュアを塗ります。１度に厚塗りするより、薄塗りを３回したほうがよいというのが原則です。まず爪の真ん中を塗り、次に両サイドを塗ります。爪の先は、必ず１ミリ残しましょう。このほうがきれいに見えるのです。

❹ 仕上げにクリアのトップコートを塗ります。トップコートは、つやをだし、マニキュアの持ちをよくします。

★ 塗っているあいだは、いつでも修正できるよう、リムーバーをしみ込ませた綿棒を手元に用意しておきましょう！
★ マニキュアのボトルは冷蔵庫に保存。液がドロドロに固まるのを防げます。

Glamorous Celebrities

世にも美しいセレブの魅力7選

1. ブリジット・バルドーの猫目メイク

スモーキーな猫目メイクにつやのあるふっくらした唇で、ブリジット・バルドーのセクシーな魅力が炸裂！

2. グレース・ケリーのナチュラルビューティー

メイクをほとんどしていないかのようなナチュラルな美しさこそが日中メイクの理想形。少量のチークにくっきりした眉、そしてクラシックな赤い口紅だけで完ぺきです。

Brigitte Bardot

Grace Kelly

Romy Schneider

3. ロミー・シュナイダーのエレガンスビューティー

人並み外れた品格とエレガンスを備えているロミーは、地球上最も美しい女性と言っても過言ではありません！

4.

ジーン・シュリンプトンのドーリーフェイス

ロンドンのストリートカルチャー"the swinging 60's"のトップモデル。陶器のような肌、人形のようなつぶらな瞳が印象的です。

5.

アンニャ・ルービックの魅惑的な瞳

アンニャがトップモデルのなかでもピカイチの存在だと、この瞳を見てもらえればわかると思います。肌もシミひとつありません。

Jean Shrimpton

Anja Rubik

6.

オルセン姉妹のキュートなアイメイク

特にアシュレーのメイクアップは完ぺき。つや肌、ソフトなブラウントーンで強調された目、盛りマスカラで100点満点です。

7.

ケイト・モスの圧倒的な存在感

モデルたちにとってのモデル、唯一無二の存在となったケイト。小柄なケイトが、高身長でゴージャスなモデルたちの中で存在感を放ちます。

Ashley Olsen

Kate Moss

Relaxation

健康美《ヘルシービューティー》を手に入れるリラックス法4

1. 十分な休息をとる

緊張を解き、十分な睡眠をとると見るからに健やかな輝きがでてきますよね。でも、毎日とても忙しくて、時間どおりに眠れないし、ましてや8時間睡眠なんて夢のまた夢という人がほとんどだと思います。

ですが、どうかせめてゆっくりリラックスできる時間を手に入れてください。入浴したあとは、PCやスマホから離れて、読書したり、お茶を飲むなどして、寝室が静かな空気で満たされるようにしてください。心と体が睡眠モードに入り、熟睡しやすくなります。

2. ストレス・マネジメントに取り組む

ストレスは健康だけでなく容姿にも影響します。ですから思い切って「F**K!!」(失礼;-))と心のなかで(ときには声にだして!?)言ってしまいましょう。

内なる自分が大きな警報を鳴らしたときは、無視してはいけません。辛いときは、ひとまず自分のことだけを考えていいのです。近所を散歩したり、深呼吸したり、読書したり、長い休憩をとったりするのも効果的です。

3. 食べ物に気をつける

自分が食べたものが外見に直結するので、なるべく次の3つを守りましょう。

・毎日こまめに水を飲む
・1日に摂る糖質の量に気をつける
・魚、野菜、ナッツをたくさん食べる

とはいっても、食を楽しむことも大切。それはつまり「ときどきは、いけないものを食べてもよい！」ということです^_^

4. 運動をする

正直な話、私は日々の忙しさにかまけて、自慢できる体力はつけられていません。もしあなたも同じなら、一緒に小さな努力からはじめてみませんか。

たとえば、自転車に乗る、わざと少し遠いところに駐車する、エレベーターを使わず階段にするといったことです。そして週末は森にでかけ、自然散策を楽しんで、そよ風を受けながら日光を浴びましょう。ヨガや瞑想もおすすめ。私は毎朝約30分やるという目標を立てて、習慣化することに成功。もはや、やらずにはいられないようになったのです！

輝くお肌のためのビューティー・フードはこれ！

＊ 緑茶
＊ 天然サケ
＊ ホウレンソウ
＊ トマト
＊ アボカド
＊ キウイ
＊ ブルーベリー
＊ ザクロ
＊ ナッツ
＊ 高カカオチョコレート

り、ジャンプしたりすると、自然な笑顔になります。とにかくアクションを取り入れてみてください。

7. フォトショップを使えば写真がレベルアップする

写真の色彩や、コントラスト、構図などはフォトショップで調整することができます。実は信じられないほど多くの写真がこのツールで加工されているんです！

8. 小道具を使えば、写真にストーリー性をだせる

テイクアウトしたコーヒーのカップや、サングラス、個性的なバッグなどを小道具にします。私は、ちょっとした高級感をだすのが好きなので、花瓶に生けた白いバラ、壁にかかった絵、きれいにマニキュアが施された手などを写り込ませます。

9. アイテムを紹介するときは接写する

輝くリングやドレスの美しい装飾などに思いっきりズームインしてみてください。

10. ほかの人の写真を研究すれば上手になる

あなたはどんな写真が好きですか？　その写真のどんなところに魅かれますか？　光ですか？　ライフスタイルですか？　むやみにマネをするのはよくありませんが、参考にする分には、いくらでもかまいません！

11. 自分自身で楽しめば良い写真は撮れる！

自分で楽しむことです！　これは、私ができるいちばん大事なアドバイスかもしれません。自分のクリエイティビティを最大限発揮しましょう！

Fashion Photography

これでばっちり！
ファッションフォトを11倍うまく撮る方法

「あなたのブログの写真を撮っているのは誰なんですか？」とよく聞かれますが、ほとんどが彼氏か自分で撮ったものです。プロではありませんが、ファッションフォトを何千枚と撮った経験から学んだ上手な写真の撮り方をご紹介します！

1．高性能のカメラを用意する

最近はとても良いカメラが手ごろな価格で手に入ります。とくにレンズが重要です。

2．驚嘆させる要素を入れると見る人の満足度が上がる

写真を見てくれた人に「わあ！」と思ってもらえるよう、すてきなコーディネートやきれいなロケーションなど、驚きの要素を最低ひとつは入れるようにしています。

3．ベストタイミングは曇りの日

光が写真の印象を左右します。蛍光灯の光の下や暗すぎる場所は避けましょう。だからといって、日光が当たりすぎるのもＮＧ。顔などに影ができてしまいます。最高の写真が撮れるのは、実は曇りの日。雨の日は暗すぎるので避けましょう。

4．アングルや構図を工夫するとスタイルが良く見える

スタイルが良く見えるアングルを研究してください。そのほか、既視感のない意外な構図で撮ってみると面白い写真になったりします！

5．背景をぼかすと被写体に視線を誘導できる

視線を主役に引きつけるためには、背景をぼかすのはマストです。

6．動きながら撮ると自然な表情が撮れる

あまりにもつくり込まれた写真は、なんだかつまらないですよね。動いた

Nikon 1

Chapter 4

{ おまけ }

“夢のファッションウィーク！”

Fashion Week

Fashion Ground Zero

トレンド発信基地 ファッションウィークとは？

ファッションウィークは本当に本当にくたくたになる、ひどくカオスなイベントなのですが、とても楽しいのです！

ファッションウィークの歴史

立役者はエレノア・ランバート

今から80年以上前のこと、ニューヨークのファッションジャーナリスト、エレノア・ランバートが、そろそろアメリカのデザイナーがスポットライトを浴びる時期だと考えました。

１９４３年、エレノアはニューヨークで「プレスウィーク」（これが最初のファッションウィークの名称でした）を開催。アメリカ人デザイナーを世界のメディアに向けて

紹介したところ、その目論見は大当たり。それまでフランスのデザイナーしか取り上げなかった『ヴォーグ（VOGUE）』が、アメリカのファッションについての記事を掲載するようになったのです。

エレノアは、ファッションウィークを立ち上げただけでなく、アメリカ・ファッションデザイナー協議会（CFDA）を設立し、「ベストドレッサー・リスト」を考案。

こうした数々の功労により、エレノアは同協議会のライフタイム・アチーブメント賞、インダストリー・トリビュート賞など、多くの賞を受賞しています。

後任のアナ・ウィンターが成功へ導く

プレスウィークが偉大な成功を収めたのは、アナ・ウィンターがあとを引き継いでからです。アメリカ版『ヴォーグ（VOGUE）』の編集長である彼女は、ファッションウィークを確固たるものとした人物です。

「ファッションウィーク」と名称を改

め、「老舗」ファッションブランドに若くトレンディなデザイナーを起用するよう奨励しました。ファッションウィークはミラノ、ロンドン、パリ、マドリッド、コペンハーゲン、そして日本でも開催されるようになりました。

ファッションウィークの基礎知識

女性のプレタポルテ（既製服）のファッションウィークは、年に2回開催されます。トレンドの発信源となるファッション誌やジャーナリスト、ブロガー、バイヤーに、ファッションデザイナーやブランドが最新のコレクションを披露する重要な場。最新の流行や次のシーズンのスタイルを一足先に見る機会なのです。

実際は、「ファッション週《ウィーク》」ではなく、「ファッション月《マンス》」と呼ぶべきスケジュールです。各国で開催されるファッションウィークをすべて見ようとすると、長期間にわたってかなり忙しくなります。どのファッションウィークも見逃したくない人は、次の順番で航空券を手配しましょう。

1．ニューヨーク

2. **ロンドン**
3. **ミラノ**
4. **パリ**

ファッションの世界では、季節はこの2つしか存在しません。

＊ **春夏《SS》：コレクション開催は9月〜10月**
＊ **秋冬《AW》：コレクション開催は2月〜3月**

最新コレクションをプレスが掲載したり、バイヤーが購入したりする時間を考慮してこうなっているのです。女性向けプレタポルテのファッションウィークのほか、オートクチュールのファッションウィークと、メンズウエアのファッションウィークもあります。

また、春夏コレクションの直前にリゾート・クルーズ・コレクションがあったり、秋冬コレクションの前に、プレフォール・コレクションがあったりします。これらは定期スケジュールで開催されているわけではありませんが、ファッションブランドがこうしたラインを発表するのは、プレタポルテのコレクションのおよそ3カ月後というパターンが常です。春夏と秋冬のあいだが長いので、中間に開催すればクライアントを長く待たせないという考えです。

A Fashionista's Day

ファッションウィークの24時間

「1週間、通しでファッションウィークなの」と言ったらとてもおしゃれに聞こえるかもしれません。おしゃれなシーンもあることは認めます。が、実際はそれほどおしゃれでない場面も無数にあるのです。ともかく重労働です。では、ファッションウィークの典型的な1日をざっと紹介しましょう。

AM6:00

起床。支度の時間です。バスルームに駆け込みファッションウィーク用のフル装備をします。早く着替えられるよう、服は、前日に並べておきます。

AM7:00

バックステージで来シーズンの美容情報を得るための最初のアポイントメントに急ぎます。タクシーのなかで軽い朝食をかじります。

AM9:00

本日最初のファッションショーへ。ファッションウィークの開催期間は交通渋滞がひどいので、私は地下鉄を利用します。行き方を見つけるのはたいへんですが、私はいつも時間どおりに到着するようにしています。

AM10:00

次のショーへの移動中、イタリアのブロガー仲間にばったり。さっき見たショーやお互いのブログについておしゃべりしました。

AM11:00

彼とデート。といっても残念ながら、ロマンチックなランチではなく、コーディネート写真を撮ってもらうためです。ファッションウィーク開催中の私のコーディネートを紹介した記事は、私のブログ「ファッショナータ」でいつも注目してもらっているので、良い写真を撮っておくことが大事なのです。

AM12:00

ランチ！ 何時に夕食が食べられるかわからないので、ランチだけはきちっと食べるようにしています。

PM3:00

しばしホテルに戻って作業。撮った写真を選択し、アップロードする時間です。そして「ファッショナータ」の投稿記事を書き、翌日の計画を立てます。

PM5:00

急いで着替えて、本日最後のショーへ。ファッションウィーク中は、1日に2度着替えることも。

PM6:00

最高のショーでした！　次は私のお気に入りブランド、ヴァレンティノのポップアップストア・イベントへ。マカロンとシャンパンがサーブされ……美味！　そこではほかのブロガー仲間たちにも会い、楽しい時間を過ごします。

PM7:30

みんなで最先端のお店で腹ごしらえすることに。

PM8:30

最後のイベントの時間。ケイト・モスがホストする、あるお店のオープニングです。有名人を見るのはいつでも楽しいものです。カメラも準備OK！　こういうイベントは、ネットワーキングの最高のチャンスです。

PM10:00

パーリータイム！！！　そう、ファッションウィークの期間中は、各ブランドがアフターパーティを開くのです。モデルや大物エディターに会いたければ、こうしたパーティに参加するしかありません。私はいつも、周囲のファッショナブルな人たちに視線がくぎ付けになります。おおいに刺激を受けるし、好都合でもあるのです。ここで見つかったネタで、新しいブログ記事が2、3書けるからです。

PM12:00

死ぬほど疲れています。足は感覚がないし、目もほとんど開けていられない状態です。そろそろホテルに帰ってメイクを落とし、大事なことを書きとめます（1日でこんなにたくさんのインスピレーションを得たので、少し時間を割いて整理しなくてはなりません）。

明日のスケジュール（どこでどんなショー、ミーティング、アポイントメントがあるか）を確認して、明日のスタイリングを準備し、ショーの招待状をバッグに入れておかなければなりません。

AM1:00

ついにビューティー・スリープにつけます。やっとです。おやすみなさい！

Rules of Fashion Week

ファッションウィークの掟《オキテ》

ファッションショーにはじめて新参者《しんざんもの》として参加してから、何十回もファッションショーに出席するなかで私が学んだことです。（私が仕事をはじめたときも、誰かにこういうことを教えてほしかった……）

ショーの最前列では脚を組まない

最前列に座ったら、絶対に脚を組んではいけません。ランウェイのカメラマン（ファッションウィークでいちばん忙しく働いている人たちです！）は、最高の写真を撮るために、「脚を組まないようお願いします！」と言って歩いています。

目立とうとしない

ファッションウィークには、とにかく目立ちたいという人がたくさんいて、レディーガガのようないでたちも少なくありません。でも、人目を引くことはできますが、いい意味で際立つことはありません。誰の目にも新参者であることが瞬時にわかってしまいます。

同じ服を2度着ない

世界中からファッショニスタが集結するこのイベントでは、ショーのたびに着替えることもしばしば。

急な招待にも備えておく

ショーのたった数日前に招待状が届いたり、直前にいきなり携帯メールで届くなんてこともあります。でも行くからには、最高のおしゃれをしていきたいですよね。

ブランドのプレス担当者の邪魔をしない

ファッションウィークの最中は、みな超多忙。いま自分のそばに立っている広報の担当者も、長く引き止めてはいけません。用件は簡潔に。質問も、必要なことだけにします。

Survival Guide

ファッションウィーク サバイバルガイド

ファッションウィークはタフな人にしかおすすめしません。まさに怒濤の修羅場。どんなことが起きても対応できるよう、必需品をご紹介します。

バンドエイド

歩き回ってばかりで靴ずれなどが起きることも。絶対必需品です！

アイクリームとコンシーラー

寝不足が続くと、信頼できるアイクリームとコンシーラーが必需品となります。

メイクアップフィクサー

メイクをリフレッシュするスプレーは、疲れた肌を生き生きとさせてくれます。シャネルのイドゥラ・ビューティー・エッセンス・ミストが私の定番。ショーの合間に顔にスプレーすると、つや肌がよみがえるのです。

ドライシャンプー

ドライシャンプーなしにファッションウィークを乗り切るなんて考えられません。シャンプーする時間がないときに、髪にボリュームとテクスチャーを与えてくれます。私のお気に入りは、〈レッドケン（Redken）〉のパウダー・リフレッシュ・ドライシャンプーです。

ちょうどよいサイズのハンドバッグ

必ず使い勝手のよいハンドバッグがあれば安心。大きすぎても背中や肩に負担をかけますし、1日中でずっぱりなので小さすぎてもバレエシューズやミネラルウォーターなどが入りません。

バレエシューズ

ファッションウィークの最中は、〈マーク・ジェイコブス（MARC JACOBS）〉の黒のフラットシューズをバッグのなかへ。ショーからショーへ、タクシーを拾うときや地下鉄でも走り回るので、ゴージャスなルブタンのパンプスはあまり実用的ではありません。私はショーの直前にハイヒールにはき替えます（ちなみに、エディターたちも皆同じことをやっています！）。

サングラス

ファッションウィークの最中は、たとえ雨の日でもサングラスをもっていきましょう。疲れ目を隠すにはいちばんの方法です。大きな〈セリーヌ（CÉLINE）〉のサングラスが私のお気に入りです。

ノート

〈スマイソン（SMYTHSON）〉のノートを使っています。それにはれっきとした理由があるのです。とてもスタイリッシュで、手にもハンドバッグにもいい感じに収まり、プロっぽく見えるからです（『ヴォーグ（VOGUE）』の大物エディターたちも使っていますよ！）。

名刺

思いがけず興味深い人に出会えたときにさりげなく名刺を渡します。

ファッションウィーク時のアクシデント用お助けグッズ

私は、FAFFWA（First Aid For Fashion Week Accidents）と呼んでいます。いざというときに役立つアイテム6点セットです。もちろんファッションウィーク以外にも、旅行やパーティなどでも役立ちます。

* **両面テープ**（生地の固定に）
* **シミ抜きペン**（ワインのシミ取りに）
* **安全ピン**（いつでも便利！）
* **衣類用粘着ローラー**（ジャケットのほこり取りに）
* **スマホの充電器**（バッテリー切れはなんとしても回避したい！）
* **シミ抜きウェットティッシュ**（私のように食べこぼしをする人に最適）

憧れのトップデザイナーの自宅へ！

いまでも信じがたいすごい体験です。私は70年代にラップドレスで一世を風靡した大御所デザイナー、ダイアン・フォン・ファステンバーグのセンスや輝かしい人生にずっと憧れていたのです。

ダイアンが私をニューヨークのロフトに招待してくれるなんて夢にも思いませんでした。ドアベルを鳴らしたときはもう脚が震えてしまいましたが、ダイアンの春夏コレクションのこと、ふたりともお茶に凝っていること、刺激的な人生（ダイアンが歌手のプリンスと結婚していたことはご存じでしたか⁉）のことについて、楽しいおしゃべりをしました。ダイアンは地に足を着けながら人生を謳歌する力強い女性。本当にすばらしい女性です！

ヴォーグのクリエイティブ・ディレクターに服を褒められた！

グレース・コディントンは、アメリカ版『ヴォーグ』のクリエイティブ・ディレクターで、アナ・ウィンターの右腕です（私は、グレースの自叙伝『グレース　～ファッションが教えてくれたこと～』を１日で読破しました！）。

パリのファッションウィークで、ハイダー・アッカーマンのショーの会場をでるときに、たまたまグレースとぶつかってしまったのです。瞬時に、たてがみのような迫力のある赤毛の女性がグレースだとわかりました。グレースは最高の笑顔で謝ってくれて、「私はふだん黒を着ているけれど、本当はカラフルな服を着る女性が大好きなの！」と、私のカラフルな服を褒めてくれたのです。

グレースのその言葉で天にも昇る気持ちになりました！

Memories

山あり谷ありのファッションウィーク珍道中

初めてのファッションウィーク

パリのソニア・リキエルから招待していただきました。朝ごはんには、ラデュレのマカロンを自分にごちそうし、生まれて初めてルブタンを買いにいきました（そのために1年間貯金していたのです！）。

ホテルに戻って、さっそく新しい靴をはき、初めてのショーに臨みました。照明がつき、モデルがでてきて美しい服が披露され、憧れのファッションエディターたちが居並ぶ場に自分がいることが本当に信じられませんでした。

アナ・ウィンターを前に大失態！

2007年に初めてファッションウィークを訪れたときのことです。私の彼はあまりファッションに興味がないため、ショーの会場へ行っても、誰が誰だかまったくわかりませんでした。あの有名な『ヴォーグ』の編集長、アナ・ウィンターでさえも知らない彼はこう言ったのです。

「声をかければいいじゃない。一緒に写真を撮ってくれませんかって」

　引き止める間もなく彼は歩きだし、なんとアナと気軽におしゃべりをしているではありませんか！　彼はアナにこう言っていました。

「写真を撮らせてもらってもいいですか？　僕の彼女が大ファンなんです。僕はあなたに会うためにパリまでやってきたんですよ」

私は天然すぎる彼氏のかたわらにたたずんでいるしかありませんでした。するとアナ・ウィンターは、サングラスを押し上げて私たちの姿を上から下までチェックし、シリアスな声で言ったのです。「ノー」と。

　そのまま地面にのみ込まれて消えたい気持ちでした。彼も、まさかそんな反応が返ってくるとは思わなかったと見え、おどおどしはじめました。でも、どうやらそれがアナ・ウィンターの同情を買ったらしく、「じゃあ、1枚だけ。急いでね」と言ってくれたのです。そしてなんと笑顔まで見せてくれました。私たちの写真のアナ・ウィンターが微笑んでいるのは、そういうわけだったのです。本当に忘れられない場面でした（そして彼は、その後そういうことをいっさいしなくなりました）。

厳選されたヴィンテージ・オートクチュールで、シャネルのハンドバッグ、エルメスのブレスレット、マノロ、ディオールと、すごいブランドが揃っています。当然ながら、安いお店ではありませんが、ユニークなブランドものを探しているなら、見逃すべきではありません。

キリウォッチ（KILIWATCH）
64, Rue Tiquetonne, 75002 Paris
kiliwatch.paris
キリウォッチへ足を運ぶなら、午後全部を費やすつもりで行きましょう。絶対にたっぷりの時間が必要です。ヴィンテージのコート、靴、アクセサリー、服など、すべてがお買い得な価格です。私なら本のコーナーだけで何時間も費やすでしょう。もうひとつうれしいのは、キリウォッチが、トレンドを意識していることです。ヒップなお買い得品をお求めなら、ここです！

モンテーニュ・マーケット
（MONTAIGNE MARKET）
57, Avenue Montaigne, 75008 Paris
www.montaignemarket.com
このラグジュアリー・ストアでは、アレキサンダー・ワンや、ヴァレンティノ、アズディン・アライアの、最高に美しい製品にほれぼれしてしまうはずです。

レクレルール（L'ECLAIREUR）
40 rue de Sévigné, 75003 Paris
www.leclaireur.com
店内は、隠れた宝庫です！　このショップの品揃えはとても特別で、ふつうのものとはわけが違うので、いつもよそにはないものに出会います。でも注意してください。お値段がびっくりするほど高いのです。なので私は普段、セールのときにしか行きません（あのピーター・ピロットのドレスや、ジャンバティスタ・ヴァリのパーカーがセールのハンガーにかかっていることをひそかに願って）。

ル・ボン・マルシェ（LE BON MARCHE）
24, Rue de Sèvres, 75007 Paris
www.lebonmarche.com
生粋のパリジェンヌのようにショッピングがしたいなら、ル・ボン・マルシェに行くべきです。このショップは、3.1フィリップ・リム、エック・ソングプラサート、エクイプメント、ケンゾー、シュルークなどなど、多彩なブランドの、最高に美しい服を揃えています。

マルシェ・デ・ザンファン・ルージュ
（LE MARCHÉ DES ENFANTS ROUGES）
39, Rue de Bretagne, 75003 Paris
ここはふつうのお店ではありません。食料品、花、家庭用品、そして格安ヴィンテージ品が買える、活気いっぱいのマルシェなのです。

ビオンディーニ（BIONDINI）
78, Avenue des Champs-Elysées, 75008 Paris
www.biondiniparis.com
靴天国というのは実際に存在し、それはビオンディーニのようなところのことです！　バーバラ・ブイ、カサディ、ブライアン・アトウッド、フェンディ、サンローランなどが揃っています。キャリー・ブラッドショーのお気に入りのシューズショップであることは間違いないでしょう。

ダリーズ（DARY'S）
362, Rue Saint-Honoré, 75001 Paris
ヴィンテージ・ジュエリー・ショップには、世界中のファッショニスタが、ユニークなジュエリーを探しにやってきます。シャンデリア・イヤリングや、目を見張るようなソリティアリング、ダイヤモンドリングなどがあります。オルセン姉妹も、よくここに来るのだと耳にしたことがあります！

サーフェイス・トゥ・エアー
（SURFACE TO AIR）
129 Rue de Turenne, 75003 Paris
www.surfacetoair.com
ユニークなデザインを組み合わせたアート・ギャラリーで、私にはツボです！！　私は特に、サーフェイス・トゥ・エアーの靴やクールなボンバージャケットが好きです。それは私一人ではないようで、無数のブロガーがこのブランドを紹介しています！

ルブタン（LOUBOUTIN）
38-40, Rue de Grenelle, 75007 Paris
www.christianlouboutin.com
私が人生ではじめてルブタンを買ったのは、サントノーレ店でした。ちなみに、パリには、ルブタンのブティックが3店舗（メンズを除いて）あることをご存じでしたか？　トレードマークの赤い靴底のパンプス、アンクルブーツ、ニーハイブーツがいっぱいです。さあ、エンジンをかけましょう！

バイ・マリー（BY MARIE）
8, Avenue George V, 75008 Paris
44, Rue Etienne Marcel, 75002 Paris
www.bymarie.fr
パリジェンヌのショッピングのマストスポット。3.1フィリップ・リム、フォルテフォルテ、メゾン・オルガなど、有名ブランドが揃っています。エティエンヌ・マルセル通りのお店（私のお気に入り！）は、よりボーホー感が強く、一方のジョルジュ・サンク通りのほうは、よりシックです。

Shop List

パリ、サントロペ、ミラノ、ロンドン、アントワープ、ブリュッセル、アムステルダム、ストックホルム、ニューヨーク、オンラインショップ

Paris

［ フランス・パリ ］

メルシー（MERCI）
111, Boulevard Beaumarchais, 75003 Paris
www.merci-merci.com
　世界のファッショニスタによく知られる、マルチフェイスなお店です！　なにが売っているかというと、洋服、本、家具……そしてヒップなカフェでコーヒーも飲めます。光の都パリに来たらぜひ立ち寄ってください！

コレット（COLETTE）
213, Rue Saint-Honoré, 75001 Paris
www.colette.fr
　最新のトレンドやガジェットを探しているなら、コレットにあります！　食品、本、アクセサリー、ラグジュアリー・アパレル、靴、ハンドバッグ、メガネなどが売られています。コレットなら、数時間にわたって、あなたのなかのファッショニスタを楽しませてくれるでしょう。

イザベル・マラン（ISABEL MARANT）
1, Rue Jacob, 75006 Paris
www.isabelmarant.tm.fr
　イザベル・マランの服は求めやすい価格（「エトワール」ラインのほうです）で、どのアイテムも、パリ独特のなんとも言えない魅力があります。パリに数日いるなら、マランのショップに行かない手はありません。

ザ・ブロークン・アーム（THE BROKEN ARM）
12, Rue Perrée, 75003 Paris
the-broken-arm.com
　パリでランチをするならココ！　私はショップのほうで時間を過ごすのも大好きです。ブロークン・アームが主に扱っているのは、パリのデザイナーで、私はいつも、ケンゾーのきれいなニットや小物を買っています。

アー・ペー・セー・アウトレット
（APC OUTLET）
18, Rue André del Sarte, 75018 Paris
　パリでいちばん興味深いアウトレットのひとつを紹介します。APCの洋服（前シーズンのもの）が、常時ディスカウントプライスで買えるのです。これ以上望めないお買い得です。

ル・スワソントスィス（LE66）
66, Avenue de Champs-Elysées, 75008 Paris
www.le66.fr
　ル・スワソントスィスは、有名なシャンゼリゼ通りにあります。このショップは、ファッションの他、音楽やアートも扱っていて、ジバンシー、オーレリー・ビダーマン、ティスケンス・セオリー、リンダ・ファロウ、マラゴー・ロンバーグ、といったブランドが勢ぞろい……いとおしい限りです！

エルメス（HERMÈS）
17, Rue de Sèvres, 75006 Paris
www.hermes.be
　驚くなかれ、このエルメスの店舗は、元スイミングプールでした！　いまでは、エルメスの装飾品、スカーフ、ハンドバッグ、ジュエリーなどが陳列されています。さらに、書店、ドリンクバー、お花屋さんまであり、絶対見逃したくない天国です！

ブランド・バザール（BRAND BAZAR）
33, Rue de Sèvres, 75006 Paris
www.brandbazar.com
　エルメス天国の隣には、古着ショップ、ブランド・バザールがあります。もちろん、ただの古着ではありません。フィーユ・ア・パパ、バッシュ、シー・バイ・クロエ、イロなどのブランド古着が手に入るのです。

エリーズ・ドレー（ELISE DRAY）
7, Rue de la Paix, 75002 Paris
www.elisedray.com
　パリでジュエリーを買おうと思ったら、私はエリーズ・ドレーへ行きます。ここのジュエリーは、ロック風シックに、少しボーホー・グラマーが加わった感じ。何時間もいたくなってしまうお店です。ダイヤモンドのディテールがすばらしく、どのアイテムのデザインもユニークでエッジーです。

レペット（REPETTO）
22, Rue de la Paix, 75002 Paris
www.repetto.com
　バレエシューズを探しているならここです！
選択肢が無限にあって、すべてが最高品質です。グリッターや、チュチュをあしらったものなど、白鳥の湖のセットにいる気分にさせてくれます。

ディディエ・リュド（DIDIER LUDOT）
24, Galerie de Montpensier, 75001 Paris
www.didierludot.com
　ディディエ・リュドは、シックなパレロワイヤルの回廊に店舗を構えています。彼が扱うのは、

Via Sant' Andrea 8a, 20121 Milan
www.biffiboutiques.com
ファッション街である、クアドリラテロ・デッラ・モーダの中心部にある、有名デザイナー服でいっぱいの2階建ての店と言ったら、バナーしかありません！ イタリアのデザイナーを知るのに最適な場所でもあります。

ウェイト・アンド・シー（WAIT AND SEE）
Via Santa Marta 14, 20123 Milan
www.waitandsee.it
ショッピング天国！ 珍しいギフトや、洋服、アクセサリー、元気のでる楽しいものを探しているときは、いつもここに来ます。外国の知られていないブランドも、幅広く揃えています。

ウォク・ストア（WOK STORE）
Viale Col di Lana 5a, 20136 Milan
www.wok-store.com
店舗そのものは小さいですが、取り扱いブランドはとても幅広いのです！ オープニング・セレモニー、ヘンリック・ヴィブスコフといった、多くのアヴァンギャルドなブランドを数多く扱っています。ウォク・ストアは、有名なナヴィリ地区にあります。

アントニア（ANTONIA）
Via Cusani 5, 20121 Milan
www.antonia.it
ハイエンドなデザイナー服を探すときは、アントニアに行きます。また、イットなバッグを夢見ているならここがいちばんです！

コルト・モルテド（CORTO MOLTEDO）
Via S. Spirito 14, 20121 Milan
www.corto.com
コルト・モルテドに行っていない人は、ハンドバッグ中毒とは言えません。ここのバッグは、すべてフィレンツェで手づくりされているので、ハイエンドでラグジュアリーなアイテムしかないのもうなずけます。

ラ・リナシェンテ（LA RINASCENTE）
Via Santa Radegonda 3, 20121 Milan
www.rinascente.it
最高のイットなバッグ、アクセサリー、美容グッズ、インテリアグッズなど、ラ・リナシェンテで見つからないものはありません。さらに、ショッピングが済んだら、屋上のカフェで、ご褒美のドリンクが待っています。息をのむようなドゥオーモの景色ももれなくついてきます！

プラダ（PRADA）
Via della Spiga 18 / Via Sant'Andrea 23, 20121 Milan
www.prada.com
筋金入りのプラダファンなら、最優先すべきです！ アクセサリーのみ（アパレルはなし）の販売ですが、ご心配なく。たくさんの靴や化粧品、ハンドバッグなどで十分楽しめます。またここは、最新モデルのすべての色を常に在庫しています。プラダ天国です！

エクセルシオール（EXCELSIOR）
Galleria del Corso 4, 20100 Milan
www.excelsiormilano.com
この、ミラノ中心部の高級デパートでは、ファッション、食料品、デザインの最高峰のセレクションを幅広く取り扱っています。私のお気に入りは、最上階。マルタン・マルジェラ、マルニ、ヴァレンティノ、プロエンザ・スクーラーなどの靴とアクセサリーが売っています。ベリッシモ！

アイリス（IRIS）
Via Sant'Andrea 10/A, 20121 Milan
www.irisshoes.com
この靴店は、ファッショニスタに大人気です。それもそのはず。クロエ、マーク・ジェイコブス、ジル・サンダーといったセレクションが飛ぶように売れているのです。どれも、安い靴ではありませんが、今シーズンのベストセレクションです！

エリオ・フェラーロ（ELIO FERRARO）
Via Pietro Maroncelli 1, 20154 Milan
www.elioferraro.com
たとえば、アレキサンダー・マックイーン、カルティエなどの、意外でレアなヴィンテージアイテムがあります。これ以上の説明は不要ですね。

カヴァリ・エ・ナストリ
（CAVALLI E NASTRI）
Via Giacomo Mora 3 & 12, 20123 Milan
Via Brera 2, 20121 Milan
www.cavallienastri.com
最高級のヴィンテージショッピングが楽しめます。シャネルやイヴ・サンローランのドレスや、ジュエリー、ハンドバッグ、靴などがたくさん。

メモリー・レーン（MEMORY LANE）
Via Galeazzo Alessi 8, 20123, Milan
www.memorylanevintagemilano.com
ミラノへ行ったら、メモリー・レーンには絶対に寄ります。ヴィンテージのシャネルバッグや、60年代もののドレスなどが待っているかもしれないからです。夢のようなヴィンテージショップです。

マルシェ・サン・ピエール
(MARCHÉ SAINT-PIERRE)
2, Rue Charles Nodier, 75018 Paris
www.marchesaintpierre.com
ファッションウィークの期間中、私は布地探しに出かけたくなることがよくあります。そんなときは、マルシェ・サン・ピエールです！　5階建ての建物が、最高に美しい布地でいっぱい！

アライア・アウトレット（ALAÏA OUTLET）
18, Rue de la Verrerie, 75004 Paris
私は、アズディン・アライアの大ファンなので、このアウトレットが、お気に入りの店リストにあっても驚かれることはないはずです！　この狭い通りを探すのに苦労するかもしれません（私も初めてのときはたいへんでした！）が、苦労のし甲斐はあります。ここで掘りだし物を見つけたあかつきには、万事オーケーの気分になれます。

パリジェンヌルックのおすすめブランド
美しいパリジェンヌルックを求めている人のために、パリのあちこちにある、フランスの典型的なブランドのショップを挙げます。
＊ **サンドロ**（Sandro）www.sandro-paris.com
＊ **イロ**（IRO）www.iro.fr
＊ **レ・プティット**
（Les Petites）www.lespetites.fr

おすすめのヴィンテージショップ
＊ **ル・モンド・デュ・ヴォヤージュ**
（Le Monde Du Voyage）108, Rue des Rosiers, 93400 Saint-Ouen
www.lemondeduvoyage.com
＊ **ヴィンテージ・デズィール**
（Vintage Desir）32, Rue des Rosiers, 75004 Paris
＊ **フリー・ピー・スター**
（Free 'P' Star）8, Rue Sainte-Croix de la Bretonnerie,75004 Paris
www.freepstar.com
61, Rue de la Verrerie, 75004 Paris
20, Rue de Rivoli, 75004 Paris
＊ **ヒッピー・マーケット**
（Hippy Market）21, Rue du Temple, 75004 Paris
www.hippy-market.fr

Saint-Tropez
［フランス・サントロペ］

プラス・デ・リース・マーケット（PLACES DES LICES MARKET）
8-1, Place des Lices, 83990 Saint-Tropez
www.saturdaymarket.com
楽しい青空市場です。フレンドシップブレスレット、Tシャツ、ヴィンテージハンドバッグ、石鹸、キャンディなどが買えます。お昼になると混んでくるので、朝早く行ったほうがよいでしょう。けっこう夢中になりますよ！

ロンディーニ（RONDINI）
18-18Bis Rue Georges Clemenceau, 83990 Saint-Tropez
www.rondini.fr
ロンディーニでは、有名なサントロペ・サンダル（そう、ブリジット・バルドーがいつもはいていたあのサンダルです！）が買えます。超シックで、ハイクオリティなサンダルで、ビーチでのんびり過ごす1日にぴったりです。

イザベラ・エム（ISABELLA M）
22, Rue de la Citadelle, 83990 Saint-Tropez
www.isabellam.com/
ヴィンテージもののシャネルが信じられないほど揃っています。ゴールドブレスレット、チェーン、リング、ハンドバッグなどです。このショップだけでもサントロペに行く価値があります。

ル・デポ（LE DEPOT）
9, Boulevard Louis Blanc, 83990 Saint-Tropez
隠れた宝物でいっぱいの小さなヴィンテージショップです。ヴィンテージのディオール、エルメス、グッチ、シャネル、プラダ、ヴィトンなどが見つかります！

トゥルーフォー（TRUFFAUX）
5, Rue des Commercants, 83990 Saint-Tropez
ともかく帽子でいっぱい！　フランスのビーチを散歩する夏の帽子を探しているなら、ここに、すべてのサイズとスタイルが揃っています。ハンドメイドが最高級品です。

ガスビジュー（GAS BIJOUX）
15, Quai Suffren, 83990 Saint-Tropez
www.gasbijoux.com
ここに来ると、ゴージャスなボーホー・ブレスレットやステートメント・ネックレスを見て、鼓動が早くなります！

トリニティ（TRINITY）
29, Rue Gén. Allard, 83990 Saint-Tropez
トリニティのジュエリーコレクションには、サントロペ特有の雰囲気があらわれています。バングル、リング、フレンドシップブレスレット、繊細なゴールドチェーンなど、キラキラなお店です。

Milano
［イタリア・ミラノ］

バナー（BANNER）

リスチャン・ディオール、ルイ・ヴィトン、ミュウミュウ、フェンディ、バレンシアガ、セリーヌ、その他を扱っています。時間をたっぷりとってくださいね。きっと気に入るはずです。

ドーバー・ストリート・マーケット
(DOVER STREET MARKET)
17-18, Dover Street, London W1S 4LT
london.doverstreetmarket.com
ドーバー・ストリートは、1平方メートル当たりのクリエイティブ・デザイナーの数が、イギリスのどこよりも、多いのです！　私は、インスピレーション（すなわち新人デザイナー）がたくさん欲しいとき、このお店をリストのトップに置きます！

ブラウンズ（BROWNS）
24-27, South Molton Street, London W1K 5RD
www.brownsfashion.com
ブラウンズのオンラインストアを毎日のようにチェックしている私は、ロンドンに来ると、必ず実店舗を訪れるようにしています。新進気鋭のデザイナーを見つけるのに最適の場所です！

ステラ・マッカートニー
(STELLA McCARTNEY)
30, Bruton St, London W1J 6QR
www.stellamccartney.com
有名デザイナーステラ・マッカートニーのフラッグシップストア第1号店には、彼女の最高傑作の数々が見つかります！

クーベルチュール・アンド・ガーブストア
(COUVERTURE & THE GARBSTORE)
188, Kensington Park Road, Portobello, London W11 2ES
www.couvertureandthegarbstore.com
クーベルチュール・アンド・ガーブストアは、洋服、アクセサリー、ジュエリー、インテリアグッズなどを取り揃える3階建ての店舗です。私がこのデパートに行くときは、スケジュール帳に数時間の枠を確保しています。ロンドンに来たら、あなたも同様にすべきです！

ロンドンでおすすめのヴィンテージショップ
＊ **Rellik** - 8 Galborne Rd, London W10 5NW
rellklondon.co.uk
＊ **ウィリアム・ヴィンテージ**（William Vintage）
2 Marylebone St, London W1681Q
www.williamvintage.com
＊ **パンドラ**（Pandora）- 16-22 Cheval Place, Knightsbridge, London SW7 1ES
www.pandoradressagency.com
＊ **アブソルート・ヴィンテージ**（Absolute Vintage）15 Hanbury St, London E1 6QR
www.absolutevintage.co.uk
＊ **ザ・イースト・エンド・スリフト・ストア**（The East End Thrift Store）Unit 1A, Assembly Passage,London E1 4UT
www.theeastendthriftstore.com

Antwerp

［ベルギー・アントワープ］

ドリス・ヴァン・ノッテン
(DRIES VAN NOTEN)
Nationalestraat 16, 2000 Antwerp
www.driesvannoten.be
ドリス・ヴァン・ノッテンは、私の大好きなベルギー人デザイナーの一人です。彼のデザインはいつも流行の先を行っており、美しくラグジュアリーです。彼のフラッグシップショップは、アントワープのファッション街の中心にある、豪華なファッションのお城（彼の家系に何十年と受け継がれる建物！）です。耳寄りな情報をお教えしますね。しかも、このショップには、時おり、ドリス本人がいるのです！

エネス（ENES）
Lombardenvest 60, 2000 Antwerp
www.enes.be
ともすれば通り過ぎてしまいそうなお店なのですが、実は宝石のような存在です！　ショーウィンドウがものすごくすてきで、さまざまなブランド服のベストセレクションが揃っています。私のお気に入りは、エネスオリジナルのレザージャケット（実はパンツも ;-))、そしてもちろん、ベルギー人姉妹によるブランド、フィーユ・ア・パパ（Filles à Papa）のすべてのアイテムです。ここの店員さんは、いつも超フレンドリーで、最高のアドバイスをくれます。この小さなお店は、絶対にショッピングリストのいちばん上にキープすべきです！

ヴァーソ（VERSO）
Lange Gasthuisstraat 9, 2000 Antwerp
www.verso.com
ラグジュアリーが好みの人なら、ヴァーソに立ち寄るべきです。このコンセプトストアの立派さは、外観だけではありません。見事な建物の中には、ラグジュアリーなアイテムが所狭しと並んでいるのです。ヴァレンティノ、ジバンシー、プラダ、ドルチェ＆ガッバーナ、フェンディ、ミッソーニ……といった豪華ブランドを夢見ながら、店内を何時間も歩き回ることができます。

ルネッサンス（RENAISSANCE）
Nationalestraat 28, 2000 Antwerp
www.renaissance-antwerp.com
このショップは、アントワープで最も美しいエリアのひとつにある、ショッピングのマストスポットです。白で統一されたシャープなインテリ

London

［イギリス・ロンドン］

リバティ（LIBERTY）
Great Marlborough Street, London W1B 5AH
Regent Street, London W1B 5AH
www.liberty.co.uk
　ああ、リバティ……ロンドンで最も有名なお店のひとつです。あまりよそで売っていないようなビューティープロダクツ（バレード、トリッシュ・マケヴォイ、フレデリック・マルなど）を探しているときは、いちばん先に行くのがリバティです。また、ハイエンドのデザイナー服（カルヴェン、ヴィクトリア・ベッカムなど）やアクセサリーも、リバティなら見つかります。

マッチズ（MATCHES）
87 Marylebone High Street, London W1U 4QU
www.matchesfashion.com
　ロンドンに行ってマッチズに立ち寄れないなんて考えられません。ここの洋服は、すばらしいとしか言いようがなく、セレクションが秀逸です。なにも買わずにでてくることはあり得ません。

セルフリッジズ（SELFRIDGES）
400 Oxford Street, London W1A 1AB
www.selfridges.com
　セルフリッジズも、ロンドンで見逃してはいけないお店です。取り扱いブランドは、ラフ・シモンズ、A．F．ヴァンデヴォースト、ジミー・チュウ、その他、多彩です。そう、それから、セルフリッジズの靴ギャラリーもお忘れなく。デザイナーズシューズ、ハイエンドのファッションシューズでいっぱいです。

トップショップ（TOPSHOP）
36-38 Great Castle Street, London W1W 8LG
www.topshop.com
　トップショップはロンドンで大人気のショップです。それもそのはず。ケイト・モスまでもが常連客なのです（ケイトはこのお店の2、3のコレクションをデザインしてもいます）。トレンディな服とアクセサリーが、リーズナブルな価格で買えます。いますぐにでもでかけたいですね！

マルベリー（MULBERRY）
11-12 Gees Court, St Christopher's Place, London W1U 1JN
www.mulberry.com
　マルベリーは、その品質と職人技でよく知られています。ロンドン一のお店です！

カート・ガイガー（KURT GEIGER）
28-32 St Christopher's Place, London W1U 1NU
www.kurtgeiger.com
　靴のパラダイスへようこそ！　ピンヒールからがっちりブーツまで、カート・ガイガーはあらゆる靴を取り揃えています。そしてここなら、銀行口座がすっからかんになることもありません。

アンソロポロジー（ANTHROPOLOGIE）
158 Regent Street, London W1B 5SW
www.anthropologie.eu
　ニューヨーク店同様、すばらしい服、ランジェリー、アクセサリー、インテリアグッズなどがあります。そしてすべてが、とても手ごろな価格なのです。

ビヨンド・レトロ（BEYOND RETRO）
58-59 Great Marlborough Street, London W1F 7JY
www.beyondretro.com
　ビヨンド・レトロは、女性・男性向けヴィンテージ服の超メガセレクションを揃えています。服も価格もすばらしいのです！

ウィリアム・ヴィンテージ
（WILLIAM VINTAGE）
2 Marylebone Street, London W1G 5JQ
www.williamvintage.com
　ここは、私の知るヴィンテージショップのなかでいちばんかもしれません。基本的に、60年代のレアものが主です。レイチェル・ゾーや、リアーナなど、有名人のクライアントも多数います！

ポートベロ・ロード・マーケット
（PORTOBELLO ROAD MARKET）
Portobello Road,London W10 5TA
www.portobelloroad.co.uk
　ヴィンテージ・ラバーズなら、ポートベロ・ロード・マーケットを一通りチェックせずに家に帰ることはできません！　このマーケットには、すべての店とブースがオープンしている金曜日か土曜日に行くのがいちばんです。

ルーシー・イン・ディスガイズ
（LUCY IN DISGUISE）
48 Lexington Street Soho, London W1F 0LR
www.lucyindisguiselondon.com
　セリーヌのジャケット、ディオールのスーツ、ジバンシーのイブニングなど、幅広いブランドが揃っています。ルーシー・イン・ディスガイズは、自分だけの秘密にしておきたいタイプのヴィンテージ天国です。

ハロッズ（HARRODS）
87-135, Brompton Road, Knightsbridge, London, SW1X 7XL
www.harrods.com
　ラグジュアリーなものがなんでも揃う、究極の高級デパートに立ち寄りましょう。シャネル、クアントワープの歴史的中心部から少し外れてはいるのですが、足を延ばす価値は絶対にあります。私は、セリーヌのバッグやアライアの靴の他、夢を見るために定期的にこの店を訪れています。ラグジュアリーで、ハイクオリティで……ともかくラグジュアリーです！！

ロジエ・フォーティワン（ROSIER 41）
Rosier 41, 2000 Antwerp
www.rosier41.be
アントワープでは、本物の優れたヴィンテージショップはなかなか見つかりません。でもロジエ・フォーティワンは、強くお勧めします。高級ブランドが求めやすい価格で手に入るのです。いいね！　ドリス・ヴァン・ノッテンや、アン・ドゥムルメステール、メゾン・マルタン・マルジェラ、ラフ・シモンズ、ジル・サンダー、ディオール、マルニ、クロエ、リック・オウエンス、ダミール・ドマ、バレンシアガ……と枚挙にいとまがありません！

アクネ・ストゥディオズ（ACNE STUDIOS）
Lombardenvest 42,2000 Antwerp
www.acnestudios.com
スウェーデンのファッションブランド、アクネは、私のお気に入りのひとつで、トレンディなロンバルデン・ヴェストに小さなお店を構えています。ディスプレイの品揃えはけっして多くはありませんが、セレクションがとても優れています。ここの服はカジュアルで、ユニークなひねりのあるデザイン。大好きです！

アン・ドゥムルメステール
（ANN DEMEULEMEESTER）
Leopold de Waelplaats, 2000 Antwerp
www.anndemeulemeester.be
おしゃれなアントワープの南部エリアを訪れたら、ぜひ。アン・ドゥムルメステールのショップは、とてもすてきです！　彼女のデザイン（黒と白が多い）は強烈で、ユニークで、凝った仕上がり。

セブン・ルームズ（SEVEN ROOMS）
Schuttershofstraat 9 (1e verdieping), 2000 Antwerp
www.sevenrooms.be
ここセブン・ルームズはスローショッピングを楽しめます。このユニークなコンセプトストアは、図書室、コートヤードガーデン、バスルーム、ベッドルーム、キッチン、リビングルーム、バーの、7つのスペースからなるのです。セブン・ルームズは、グスタフ・ブラインセラーデと、インテリア・アーキテクトのピーター・メイスと、アーティスト、フレデリック・デワイルドとのコラボレーションによって生まれました。すべてが、アート、デザイン、そしてファッションを中心に展開しています！

コジコジ（COSI COSI）
Lombardenvest 45 - 53 – 55, 2000 Antwerp
www.cosicosi.be
売場面積５００平方メートルのこのショップは、パトリツィア・ペペ、アンナ・リタ、アトス・ロンバルディーニ、ピンコなど、さまざまなイタリアンブランドを扱っています。ベルギーブランドのマーチ23やフリーダをはじめとする靴のコーナーもお見逃しなく。

レ・プティット（LES PETITES）
Lombardenvest 22, 2000 Antwerp
www.lespetites.fr
私はショッピングでこのお店に行かないことはありません！　私が大好きな、パリジェンヌの、すてきなさりげなさがここで手に入るのです。レ・プティットは、超トレンディで、求めやすい価格です。ここも、優れたベーシックアイテムを入手するのに最高のホットスポットです。

ラベルズ・インク（LABELS INC.）
Aalmoezenierstraat 3A, 2000 Antwerp
www.labelsinc.be
ディスカウント価格のデザイナー服なら、ここです！　ここを頻繁に訪れて注意深く探せば、真の掘りだし物が見つかります。バレンシアガのブーツ、プロエンザ・スクーラーのクラッチ、アン・ドゥムルメステールのドレス、といったお買い得品が手に入る可能性があるのです！

ユア（YOUR）
Kloosterstraat 90, 2000 Antwerp
www.your-antwerp.com
ユアが扱っているブランドは、無限と言っても過言ではありません。アマター、ガニー、MM6、シー・バイ・クロエ、マーク・ジェイコブス、コレス、その他が揃っています。ここでは、洋服だけでなく、ビューティーケア用品まで買えるのです。さらに、すばらしいメンズファッションや小物も揃えているので、男性を連れて行っても大丈夫なのです！

ホスピタル（HOSPITAL）
De Burburestraat 4, 2000 Antwerp
おしゃれなアントワープ南部エリアにある、メンズ、レディース両方のアパレルショップです。それだけで説明はいらないでしょう。ミッソーニ、フィフス・アベニュー・シュー・リペア、セブン・フォー・オール・マンカインド、ジョセフ・バルマンなどを取り揃え、何時間でも見て歩けます！

ヴァイアー・ヴィンテージ（VIAR VINTAGE）
Kloosterstraat 65, 2000 Antwerp
ヴァイアー・ヴィンテージは、デザイナー家具と服で埋め尽くされた、スタイリッシュなスペーアに、ヴィクトリア・ベッカム、ケンゾー、モラミ、MSGMなどの、途方もなく美しい服が並んでいます。夏は、買いものついでに隣のレストラン・ルネッサンスのパティオでゆっくりすれば、とても心地良いひとときが過ごせます！

アー・ペー・セー（A.P.C.）
Lombardenvest 12, 2000 Antwerp
www.apc.fr
　アントワープのA.P.C.（Atelier de Production et de Créationの略）のフラッグシップショップはあまり大きくありませんが、買いもの客を魅了するものでいっぱいです。何年も着られるハイクオリティなベーシックアイテムを探しているなら、このお店です。

ルイ（LOUIS）
Lombardenstraat 2, 2000 Antwerp
　このラグジュアリー・ブティックも、もうひとつの貴重なスポットです。バレンシアガ、バルマン、ラフ・シモンズ、メゾン・マルタン・マルジェラなど、ベルギー国内外のブランドのセレクションがとても魅力的です。メンズのセレクションも充実しています。

エス・エヌ・スリー（SN3）
Frankrijklei 46-48, 2000 Antwerp
www.sn3.be
　売場総面積約１０００平方メートルの天国です！　シャネル、プラダ、グッチ、ルブタン、ミュウミュウなど、すべて揃っています！

ウッターズ・アンド・ヘンドリックス
（WOUTERS & HENDRIX）
Lange Gasthuisstraat 13 a & b, 2000 Antwerp
www.wouters-hendrix.com
　友人同士のふたりのデザイナー、カトリン・ウッターズとカーレン・ヘンドリックスが経営する、スーパートレンディな、ベルギーのジュエリーブランドです。ゴージャスで洗練された、半貴石（オニキス、スモーキークォーツ、ムーンストーン、パールなど）のジュエリーは、すべてオリジナルデザイン。あらゆる女性の心拍数を上げるようなショップです！

ココドリオ（COCCODRILLO）
Schuttershofstraat 9 A-B, 2000 Antwerp
www.coccodrillo.be
　ここは危険領域です！　一歩足を踏み入れたら、必ず予定以上の買いものをしてでてくることになります。ジャンヴィト、ドリス・ヴァン・ノッテン、プラダ、サンローランなどの靴が勢ぞろい。シーズン初めの靴ショッピングは必ずここです！

ディー・ヴイ・エス（DVS）
Schuttershofstraat 9 (1e verdieping), 2000 Antwerp
www.dirkvansaene.com
　ココドリオの２階にある、このマルチブランドのブティックは、デザイナーのダーク・ヴァン・セーヌが立ち上げたものです。まだオープンして間もないのですが、すでにホットなスポットになっています。このお店が重点的に扱っているのは、フリーダ・ドジェーテル、ソフィー・ドール、ムッシュ・メゾン、ヴェロニク・ブランキーノ、ウォルター・ヴァン・ベイレンドンクといった、ベルギーのファッションです。

ステップ・バイ・ステップ（STEP BY STEP）
Lombardenvest 16, 2000 Antwerp
www.stepbystep-antwerpen.be
　アントワープでパリとニューヨークのスタイルをお求めなら、ステップ・バイ・ステップです！　イザベル・マラン、ヴァネッサ・ブルーノ、３・１フィリップ・リム、バンドオブアウトサイダーズなどの靴が揃います。現代のファッショナータのパラダイスです！

エッセンシャル（ESSENTIEL）
Schuttershofstraat 26, 2000 Antwerp
www.essentiel.be
　エッセンシャルでは、いつも、カラフルな色彩、グラフィックプリント、グリッターなど、ユニークなマストアイテムが見つかります！　このベルギー国内ブランドは、とても美しい服を求めやすい価格で販売しています。ロンバルデン・ヴェストにあるアクセサリーショップもさらなる目の保養になるのでお見逃しなく！

グランマクト・サーティーン
（GRAANMARKT 13）
Graanmarkt 13, 2000 Antwerp
www.graanmarkt13.be
　高級デザイナー服とアクセサリー（アレキサンダー・ワン、イザベル・マラン、カリーヌ・ヴィフィケンなど）の掘り出し物が見つかるパラダイスです。ショッピングが済んだら、１階のレストランでおいしいランチかディナーを自分にごちそうしましょう。

コピーライト・ブックショップ（COPYRIGHT BOOKSHOP）
Nationalestraat 28a, 2000 Antwerp
www.copyrightbookshop.be
　過去25年にわたり、アントワープの貴重な存在です。この、国際書店は、アート、ファッション、デザイン、フォトグラフィーなどの分野を専門に取り扱っています。よそでは見つからない特別な本を探しているなら、このお店のどこかに隠れている可能性が大です！

ウーベン（HOUBEN）
Maria-Theresialei 17, 2018 Antwerp
www.houben-antwerp.be

(&XPERIMENTAL STORE)
Léon Lepagestraat 19-21, 1000 Brussels
　このショップのアイテムを一言で表すとしたら、「超魅力的」がいちばんぴったりだと思います。マーク・ジェイコブス、アレキサンダー・マックイーン、ジバンシーの靴や、メキシカーナのブーツ、マイキータのメガネ、アリエル・デ・ピントのコンセプチュアルなジュエリーなどを扱っています。よそでは買えないものもたくさんあります。アンド・エクスペリメンタルはまた、デジタル画面を使った、バーチャルと「いま」を組み合わせるテクノロジーの面でも、貴重な存在です。靴をえらぶのがこんなに簡単だったことはありません！

ザ・クープルズ（THE KOOPLES）
Louizalaan 72, 1000 Brussels
www.thekooples.com
　ロックンロールな服なら、ここです！　クープルズのクールなスーツ（ユニセックス）や、レザースカート、ローカットブレザー、ヴィンテージTシャツ、リップドジーンズなどで、クローゼットを元気にしましょう。

ハットシュー（HATSHOE）
Antoine Dansaertsraat 89, 1000 Brussels
www.hatshoe.be
　こじんまりして、とても心地良い靴屋さん。私のお気に入りのホットスポットのひとつです。なにも買わずにこのお店をでたことはありません。バレンシアガ、クロエ、ドリス・ヴァン・ノッテン、ジュゼッペ・ザノッティ、ナタリー・バーリンデンなどを扱っています。まさに靴のパラダイスです！

レディ・ダンディ（LADY DANDY）
Edelknaapstraat 81, 1050 Brussels
www.ladydandy.com
　レディ・ダンディでは、見事なコンディションの、美しいヴィンテージアイテムが見つかります。私がもっている、まばゆいイヴ・サンローランのクラッチも、すてきなシャネルのブレザーも、バルマンのパーフェクトなレザージャケットも、すべてここで見つけました。どれも最高です。

スティル（STIJL）
Antoine Dansaertstraat 74, 1000 Brussels
www.stijl.be
　ベルギーのデザイナーに目がない人には、ぴったりのお店です！　アン・ドゥムルメステール、ハイダー・アッカーマン、ティム・ヴァン・スティーンバーゲン、キム・スタンプなどを扱っています。ここの服は超スタイリッシュで、内装はミニマルで、スマートで、黒で統一され、とても美しいお店です。

セリーヌ・ダウスト（CELINE D'AOUST）
Franz Merjaystraat 158, 1050 Brussels
www.celinedaoust.com
　ストーリーをもったユニークなジュエリーです。自然の材料や、アメジスト、クォーツ、トルマリン、スピネル、ムーンストーンなどの石を使っています。このデザイナーはベルギー人ですが、材料の石は、インドで厳選しています。

ジャスト・カンパーニュ
(JUST CAMPAGNE)
Charleroisesteenweg 30, 1060 Brussels
　新しいレザーのハンドバッグを探しているなら、ここで見つかります！　ラグジュアリーなジャスト・カンパーニュのブランドは、豊富な色とサイズのレザーバッグを扱っています。クラッチ、ショルダーバッグ、トートなど、なんでも揃っています。万一探しているものがない場合は、カスタムメードもできてしまいます。

メゾン・マルジェラ
(MAISON MARGIELA)
Vlaam sesteenweg 114, 1000 Brussel
www.maisonmargiela.com
　外にはロゴも名前もだしておらず、ドアベルを鳴らして入るので、「家に帰ってきた」気分が味わえます。メゾン・マルタン・マルジェラはそんな場所なのです！　サングラス、香水、ジュエリー、ハンドバッグなどの最新アイテムが、ここにすべてMMMというブランドで並んでいます。白いファサードの店舗が、閑静で上品で、美しいとしか言いようがありません！

フランシス・フェラン（FRANCIS FERENT）
Louizalaan 60, 1050 Brussels
www.ferent.be
　ブリュッセルのラグジュアリーの宝庫です。フランシス・フェランに足を運ぶなら、十分な時間をとってください。この高級デパートは、売場面積が１３００平方メートルあるからです！　私のお気に入りは、ディオール、ヘルムート・ラング、ヴァレンティノ、ステラ・マッカートニーなどです。お見逃しなく！

カシュミール・コトン・ソワ
(CACHEMIRE COTON SOIE)
Franz Merjaystraat, 1050 Brussels
www.cachemirecotonsoie.com
　このマルチブランドストアは、ブリュッセルの一等地にあります。セドリック・シャルリエ、ドローム、セヴァ・ジュエリー、マウィなどのブランドを扱っています。私の場合は、ここに来ると必ず好きなものが見つかります！

コレクターズ・ギャラリー（COLLECTOR'S GALLERY）
Lebeaustraat 17, 1000 Brussels
www.collectors-gallery.com

スです。このお店に足を運ぶ前に、少し貯金が必要かもしれません。しかし、ここでは、本当に唯一無二のアイテムが見つかるのです。私はたいてい、ゆっくりできる日曜日に、生産的な時間を過ごすために立ち寄ります :-)。

アンヴァーズ（ANN-VERS）
Mechelsesteenweg 10, 2000 Antwerp
　シャネルや、ルイ・ヴィトン、エルメスのバッグに目のない私にとって、アンヴァーズは、たまらないお店です！　あなたも、ここでラグジュアリーなデザイナーズグッズを見ている私を見かけるでしょう！

ティロン（THIRON）
Drukkerijstraat 6, 2000 Antwerp
www.thiron.be
　アントワープ中心部にある、靴のパラダイスです。女性にとって、これ以上のところはあるでしょうか？　ティム・ヴァン・スティーンバーゲン、エレン・ベルビーク、ヴェロニク・ブランキーノ、MM６といったブランドの、スニーカー、パンプス、ブーツが揃っています。

クオリティー・タイム（QUALITEA TIME）
Kloosterstraat 85, 2000 Antwerp
www.qualiteatime.be
　私がお茶を愛する気持ちは、私たちの家族に深く根ざしたものです。トレンディなクロースターストラートの中心部にあるこのモダンなティーショップは、実は私の甥が経営しています。ここでは、厳選されたお茶しかだされません。クラシックな定番から、驚きのブレンドやアロマまで、多彩です。私が白茶を買いに行くのは、いつもここです！

Brussels

［ベルギー・ブリュッセル］

スメッツ（SMETS）
Leuvensesteenweg 650-652, 1030 Brussels
www.smets.lu
　もう、びっくり！　この売場面積４０００平方メートル（！！！）のコンセプトストアは、この世の天国です。ラグジュアリーで、ハイクオリティな、ファッションとビューティーとアートが展示されていて、何時間でも見ていられます！　バレンシアガ、ケンゾー、ジバンシー、サンローラン、バルマン、マノロ・ブラニク、アレキサンダー・ワンといったブランドは、目のごちそう（お財布にはそうは言えません）。ファッショニスタの鼓動がはやくなるようなディスプレイ空間です！

サントゥール・ダイユール
（SENTEURS D'AILLEURS）
Stefaniaplein 1A, 1050 Brussels
www.senteursdailleurs.com
　皆さん、ビューティー・パラダイスへようこそ！　ここは私がディプティックのキャンドルや、ドゥ・ラメールのクリーム、ジョー・マローンのすばらしいフレグランスを買いにくる、お気に入りのスポットです。驚くべき品揃えで、店内は、まるで美しい聖堂のようです。スパのコーナーに迷い込んだついでに、１日のショッピングの疲れを癒してはどうでしょう？

キュア（KURE）
Antoine Dansaertstraat 48, 1000 Brussels
www.kure.be
　ブリュッセル中心部で小さなスカンジナビアを楽しめるショップです！　キュアは、ベルギーではよそで絶対に見つからないブランドを扱っています。ホープ、アニー・ビング、サムソエ・アンド・サムソエ、ウォン・ハンドレッド、マラゴー・ロンバーグ、フリズア、ツイスト・アンド・タンゴなどです。ぜひこのスタイリッシュなお店に来て、すばらしいブランドを発見してください！

イコン（ICON）
Nieuwe Graanmarkt 5, 1000 Brussels
www.icon-shop.be
　ブリュッセルに行ったときは、私の大好きなお店、イコンに寄らずにはいられません！　アレキサンダー・ワン、バイ・ピース・オブ・シック、イザベル・マラン、ヘルムート・ラング、オーレリー・ビダーマン、マニアマニアなど、トップブランドが目白押しです。ここは、サービスもすばらしく、がっかりするようなことは絶対にありません。

ルイーズ・フィフティフォー（LOUISE 54）
Louizalaan 54, 1050 Brussels
　ルイーズ・フィフティフォーは、ブリュッセルの老舗です。アライア、バルマン、アレキサンダー・ワン、セリーヌなどの商品が所狭しと並ぶ、まるで金鉱のようなマルチブランドストアです！　イットなバッグ、イットな靴、イットなジャケット……と、イットなものならなんでもここで見つけることができるでしょう。

イザベル・バジャール（ISABELLE BAJART）
Kartuizersstraat 25, 1000 Brussels
　イザベルは、ヴィンテージに対して、とても洗練された眼をもっています。彼女のショップで、ただの着古しの服を見ることはありません。個性的なアイテムだけを、求めやすい価格で売っています。幸運なことに、この店では、すべてが整然とディスプレイされ、雑然としたところは少しもありません。信頼できる日常服を探すのにぴったりのショップです！

アンド・エクスペリメンタル・ストア

このオランダブランドを立ち上げたのは、イリヤ・フィッセルです。彼女の目標は、ファッショナブルでエッジーだけれど、ロマンチックな女性の洋服をデザインすること。よく野外の自然からインスピレーションを受けるそうで、彼女のショップにはそれがよくあらわれています。私は、極薄のシルクから分厚いウールと、彼女の使う素材がすばらしいと思うのです。イリヤ、また楽しみにしてるわね！

リカ（RIKA）
Oude Spiegelstraat 9, 1016 BM Amsterdam
www.rikaint.com
スウェーデン生まれのウルリカ・ラングレンは、元スタイリストでしたが、まもなく、ハンドバッグやアパレルをデザインするようになり、自分のファッションブランドを立ち上げました。リカの特長である、星のモチーフがたちまち人気となり、トップデザイナーになりましたが、彼女のコレクションはいつもエッジーでユニークです。私は、リカのベルギー第１号店を心待ちにしているのです。それまでは、アムステルダム店で買うことをいといません。

エピソード・ヴィンテージ
（EPISODE VINTAGE）
Berenstraat 1, 1016 GG Amsterdam
www.episode.eu
ヴィンテージ・ラヴァーには、この世の天国。レザージャケットから、がっちりブーツ、アクセサリーまで、ここならなんでも見つかります。そしてお値段も、とてもうれしいのです。最高！

メゾン・ネザーランド（MAISON NL）
Utrechtsestraat 118, 1017 VT Amsterdam
www.maisonnl.com
とてもユニークなセレクションを揃えた、小さなコンセプトストアはいかがですか？　ぜひ、行ってみてほしいのです！　このお店では、いつも私と家の小さなアクセサリーを買っています。ユニークなティーカップ、高級ジュエリー、また最新のスニーカーなども置いています。

ミセラニアス・ストア（MISCELLANEOUS STORE）
De Clercqstraat 130, 1052 NP Amsterdam
www.misc-store.com
オフィスを美しいもので飾れたら、仕事がずっと楽しくなります。私がミセラニアス・ストアに魅了されるのはそのためです。ノートや、おしゃれなペンケース、レザーの iPad カバー、その他、楽しい小物がいっぱい。必須です！

アンナ・ニーナ（ANNA + NINA）
Gerard Doustraat, 94, 1072 VX Amsterdam
www.anna-nina.nl
ここでは、すべてがリーズナブルな価格です。小さなジュエリー、オリジナルのスマホケース、有名な蝶のフレームなど、オリジナルなギフトを探す、マストスポットです！

ハットスポット（HUTSPOT）
Van Woustraat 4, 1073 LL Amsterdam
www.hutspotamsterdam.com
コーヒーを売るユニークなコンセプトストアなんて、おいしそうですよね！　ブラブラしながらクールなガジェットを探すには最高の場所です。ヒップスターが好きそうですね！

レストアド（RESTORED）
Haarlemmerdijk 39, 1013 KA Amsterdam
www.restored.nl
ミニマリストな服やアクセサリーが大好きな人は、ぜひレストアドを訪れてください。店舗自体も、とてもスリークな空間になっています。行く価値があります！

Stockholm
[スウェーデン・ストックホルム]

アクネ・アーカイブ（ACNE ARCHIVE）
Torsgatan 53, 113 37 Stockholm
www.acnestudios.com/stores/torsgatan
ストックホルムに来て、アクネに行かないなんてあり得ません！　このアーカイブ・ストア（前シーズンのアイテムを販売）は、とりわけ必見です！

ニッティー・グリティー（NITTY GRITTY）
Krukmakargatan 24, 118 51 Stockholm
www.nittygrittystore.com
ここニッティー・グリティーは、スウェーデン国内外の有名ブランドと知られていないブランド、すべてを扱っています。アルテヴァイサオーメ、ハウス・オブ・ダグマー、イザベル・マラン、ニューバランスといったセレクションです。お値段も、手ごろなものから、高価なものまで、幅があります。モダンでミニマリストな店舗です。

ナタリエ・シュットマン
（NATHALIE SCHUTERMAN）
Birger Jarlsgatan 5, 111 45 Stockholm
www.nathalieschuterman.com
ここのハイエンドなアパレルのセレクションは幅広い（プラダ、ミュウミュウ、バレンシアガ、3.1フィリップ・リムなど）のですが、私がナタリエ・シュットマンに行く主な理由は小物類です。イットなバッグに出会えるのです！

ホープ（HOPE）
Smålandsgatan 14, 111 43 Stockholm
www.hope-sthlm.com

私は、ステートメント・ジュエリーを探しているとき、コレクターズ・ギャラリーに直行します！ お気に入りは、エック・ソングプラサートです！

ハンティング・アンド・コレクティング
(HUNTING & COLLECTING)
Kartuizersstraat 17, 1000 Brussels
www.huntingandcollecting.com
ハンティング・アンド・コレクティングは、ブリュッセルに来たら絶対に行きたいお店のひとつです。ここでしか買えないブランドが30以上もある他、ゴージャスなソフィー・ヒュルムのハンドバッグ、クールなＭＳＧＭのプリント柄、１枚は欲しいケンゾーのニットなどを揃えています。素敵なデートの場所を探しているなら、このショップには、音楽や本、アートもあります！

Amsterdam

［ **オランダ・アムステルダム** ］

メンド（MENDO）
Berenstraat 11, 1016 GG Amsterdam
www.mendo.nl
アムステルダムでいちばんの書店です！ 棚には、アート、ファッション、フォトグラフィー、文化に関する本、そしてヴァレンティノ、ヴィヴィアン・ウエストウッド、デビッド・ラシャペル、イネス・ヴァン・ラムスウィールド、ヘルムット・ニュートンその他、多くの作品集が飾られています。本好きにはマストのスポットです！

バイエンコルフ（DE BIJENKORF）
Dam 1, 1012 JS Amsterdam
www.debijenkorf.nl
私はこのオランダの有名デパートチェーン、バイエンコルフが大好きです！ 究極のラグジュアリー製品（プロエンザ・スクーラー、ジバンシー、アクネ、ジョセフ、セリーヌなど）と、アムステルダムではあまり見られないブランドを取り揃えています。

スーパーマーケット（SPRMRKT）
Rozengracht 191-193, 1016 LZ Amsterdam
www.sprmrkt.nl
名前から誰がなにを想像しようと、ここは、スーパーマーケットには似ても似つかないお店です。アムステルダムでいちばんトレンディなコンセプトストアなのです。ヘルムート・ラング、インディヴィジュアル、そしてオリジナルブランドSPR+の、ヴィンテージのデザイナーアイテムやコレクションなどはいかがですか？

ナマー・ネーヘン（NUMMER 9）
Prinsengracht 226, 1016 HD Amsterdam
www.nummer-9.nl
名前はナマー・ネーヘン（ナンバーナイン）ですが、アムステルダムに行ったときは、私のリストのナンバーワンです。スカンジナビアのブランドを幅広く扱っているので、毎回、エッジの効いた、パーフェクトなベーシックアイテムを探しに行きます。

ポール・ウォーマー（PAUL WARMER）
Leidsestraat 41, 1017 NV Amsterdam
www.paulwarmer.com
ポール・ウォーマーの靴とバッグには、完全に中毒になっています。ブランドの数はさほど多くはないのですが、セレクションがとても良いのです！ この店に来てなにも買わずにでることはありません。

シューバルー（SHOEBALOO）
Leidsestraat 8, 1017 PA Amsterdam
www.shoebaloo.nl
ミュウミュウ、セリーヌ、アクアズーラ、ジミー・チュウといったブランドを取り揃えているシューバルーが、何年にもわたってアムステルダムでトップの靴店と評されるのは当然です。

ラーク・アムステルダム
(RAAK AMSTERDAM)
Leidsestraat 79, 1017 NX Amsterdam
www.raakamsterdam.nl
ラークは、ライツェ通りの角にある大きなショップです。バイダニー、ＤＮＡ、ドクター・デニム、レッド・ヴァレンティノなど、幅広いブランドを扱っています。強くお勧めします！

スカイ（SKY）
Herengracht 228, 1016 BT Amsterdam
www.sky-amsterdam.nl
トレンディなスカイは、デ・ネイフン・ストラーヒェスという地域にあります。アムステルダムでも、クールなパリジェンヌのスタイルが楽しめるようになったのです。このショップには、フォルテフォルテ、イザベル・マラン「エトワール」、A.P.C.、ヒューマノイド、オープニング・セレモニー、その他多くのアイテムを取り揃えています。

バイス（BUISE）
Cornelis Schuytstraat 12, 1071 JH Amsterdam
www.buise.nl
ミシェル・バイスは、数年前からこのショップで私のお気に入りブランド、イザベル・マラン、イロ、ジョセフ、カレント・アンド・エリオット、バッシュなどを売っています。マスト・スポットです！

レディ・トゥ・フィッシュ
(READY TO FISH)
Prinsengracht 581-583, 1016 HT Amsterdam
www.readytofish.nl

クツ、アクセサリー、そしてすばらしいギフトも見つかります！

クリーチャーズ・オブ・コンフォート（CREATURES OF COMFORT）
205 Mulberry Street, New York, NY 10012
creaturesofcomfort.us
マルチブランドストアのクリーチャーズ・オブ・コンフォートは、トレンディなグリニッチビレッジの中心にあります。ここにはいつも、新しいブランドを発見したいとき、あるいはよそにない特別なものを買いたいときに行っています。

ジェフリー（JEFFREY）
449 West 14th Street, New York, NY 10014
www.jeffreynewyork.com
最新のトレンドを目にするのはここです。アズディン・アライア、バレンシアガ、ステラ・マッカートニーなどが、すべて揃います！

バーグドルフ・グッドマン（BERGDORF GOODMAN）
5th Avenue 58th Street, New York, NY 10019
www.bergdorfgoodman.com
デザイナーのコレクションに出会いたいなら、ここです！

イソップ（AESOP）
1070 Madison Avenue, New York NY 10028
www.aesop.com
メトロポリタン美術館の隣にある（マンハッタンには他にも数店舗あるので便利です）イソップは、ラグジュアリーで抗酸化成分を含むスキンケア、ヘアケア、ボディケア製品を提供しています。私は、トラベルセットやベルギーへのお土産をここに買いに来ています。

ワット・ゴーズ・アラウンド・カムズ・アラウンド（WHAT GOES AROUND COMES AROUND）
351 West Broadway, New York, NY 10013
www.whatgoesaroundnyc.com
すべてのヴィンテージショップがお手本にすべき店です！　どのアイテムも、完ぺきなコンディションで、品質が良いのです。そしてすべてがスタイルと色別に並んでいます。取り扱いブランドは、シャネル、ルイ・ヴィトン、イヴ・サンローランなどです。ミーシャ・バートン、ジェイミー・チャン、ケイティ・ペリーといったスターたちも、私と同様、このお店のファンです！

バベル・フェア（BABEL FAIR）
260 Elizabeth St., New York, NY 10012
www.babelfair.com
ブラジルのアレッサのプリント柄スカーフ、アルゼンチンのレザー、日本のデニムと、珍しいアイテムを探しているなら、バベル・フェアです。このお店はまた、インテリアが最高です！

ブルーミングデールズ（BLOOMINGDALE'S）
504 Broadway, New York, NY 10012
www.bloomingdales.com
ブルーミングデールズでは、すぐ迷子になりそうですが、そんなことかまいません。特に靴売り場は見事！　ここはセールで知られています。セールの期間に合わせて、旅行を計画しましょう。

マクナリー・ジャクソン・ブックス（McNALLY JACKSON BOOKS）
52 Prince St., New York, NY 10012
www.mcnallyjackson.com
ＮＹのファッションウィークの期間中、私はマクナリー・ジャクソン・ブックスでよく時間を過ごします。ここのコーヒーで元気を補給し、本を読んで、静かに作業をするのです。ここは、ニューヨークで指折りの心地良い空間だと私は思っています。

ビゲロウ・アポセカリー（BIGELOW APOTHECARIES）
414 6th Avenue, New York, NY 10011
www.bigelowchemists.com
このお店はいつも私を微笑ませてくれます。まるで、化粧品市場に足を踏み入れたみたいで、何百というビューティープロダクツが陳列されているからです。でも私のお気に入りはなんといっても無数のリップバームです。楽しいお店です！

スタジオ・デュアート・ジュエリー（STUDIO DUARTE JEWELRY）
84 East 7th Street New York, NY 10003
www.studioduarte.com
このブラジル人デザイナーのショップでは、いつもセレクションに迷ってしまいます。彼は、シルバーとゴールドで、なんとも美しい幾何学形のジュエリーを制作しているのです。とても目を楽しませてくれます！

サックス・フィフス・アヴェニュー（SAKS FIFTH AVENUE）
611 5th Avenue, New York, NY 10022
www.saksfifthavenue.com
すべてのデザイナーズアパレルと化粧品を取り揃えたパラダイスです。その充実度は、きっとあなたの想像を超えていると思います。でもそれだけではありません。なんと無料のパーソナルショッピング・サービスまで提供しているのです。

オーク・ニューヨーク（OAK NYC）
28 Bond Street, New York, NY 10012
www.oaknyc.com
中性的なヒップスターたちが集まってくるショップです。だからと言って避けないでください。スキニーデニムや、クールなタンクトップ、ホープは、私のお気に入りブランドのひとつです。スカンジナビア特有の、すっきりしたラインと、私のツボにはまる最新アイテムが特徴です。服が美しいだけでなく、ショップのインテリアも、とてもすばらしいのです（アートワークをお見逃しなく！）

ワイレッド（WHYRED）
Drottninggatan 94, 111 36 Stockholm
www.whyred.se
さりげなさ＋エレガンス＋意外なディテール＝ワイレッド。このスカンジナビア・ブランドは、音楽やアートにインスピレーションを受け、それがコレクションに表れています。ここの服は上質の生地でつくられているのでベーシックなワードローブにぴったり。ファッション中毒者必見です！

エヴァ・アトリング（EFVA ATTLING）
Biblioteksgatan 14, 111 46 Stockholm
www.efvaattling.com
エヴァは、スカンジナビア・ジュエリーをリードするデザイナーの一人です。私はここに初めて足を踏み入れたとき、すぐさまパーフェクトなパールのイヤリングを見つけました。こういうのを幸先が良いと言うのですよね。ミニマリストなタッチの、すてきでハイクオリティなアイテムです。最高！

ライン・アンド・ジョー（LINE & JO）
Mäster Samuelsgatan 6, 111 44 Stockholm
www.lineandjo.com
インパクト大のジュエリーはチェックする価値があります！　もうひとつうれしいのは、価格が本当にリーズナブルなことです！

バレード（BYREDO）
Mäster Samuelsgatan 10, 111 44 Stockholm
www.byredo.com
バレードは、ライン・アンド・ジョーのすぐ隣にある、新進のパフュームハウスです。すばらしい香水や、スキンケア製品、ホームフレグランスなどを扱っています。バレードのモットーは「基本に戻る」ことです。それが、シンプルなボトルやフレッシュな香りに反映されています。最高のショップです！

ハウス・オブ・ダグマー
(HOUSE OF DAGMAR)
Fridhemsgatan 43, 112 46 Stockholm
www.houseofdagmar.se
３人姉妹が立ち上げた、アーティスティックでシックなスタイルの、新しいスウェーデンのファッションブランドです。ラグジュアリーなニットウェア、シルクのトップス、フローイング・パンツなどがあります。このブランドは、その驚くべきデザインのコレクションが認められ、スカンジナビアン・デザインで最も栄えあるグルドクナッペン賞を受賞しました。残念ながら、ハウス・オブ・ダグマーは、店舗をもっていません。ニッティー・グリッティーやグランパなどで買うことができます。

スヴェンスクテン（SVENSKT TENN）
Strandvägen 5, 114 51 Stockholm
www.svenskttenn.se
このショップを発見できた人はラッキーです！
ストックホルムでいちばんのインテリア雑貨のお店です。ランプ、テキスタイル、家庭雑貨などが売っています。スカンジナビア独特のタッチをもった、とても美しいアイテムです。

ジュス（JUS）
Brunnsgatan 7, 111 38 Stockholm
www.jus.se
ジュスは、ダミール・ドマ、コムデギャルソンなどのブランドの他、見ていて楽しいジュエリーのコレクションも揃えています！

ミセス・エイチ（MRS H）
Birger Jarlsgatan 9, 111 45 Stockholm
www.shopmrsh.com
ミセス・エイチは、ストックホルムで初めて、海外のハイエンド・ファッションアイテムを提供したショップです。バルマン、アレキサンダー・ワン、イザベル・マラン、アン・ドゥムルメステール、プロエンザ・スクーラーなどを常に揃えています。

フィフス・アベニュー・シュー・リペア
(V AVE SHOE REPAIR)
Mästersamuelsgatan 2,111 45 Stockholm
このスウェーデン・ブランドは、トラディショナルにインスピレーションを受けつつ、とてもモダンな感覚も取り入れています。ここのコレクションは、黒、グレー、白が主なので、ワードローブの他のアイテムとの組み合わせも簡単です。究極のベーシックアイテムが見つかる場所です！
さらに、店舗自体を見るだけでも足を運ぶ価値があります。白い壁に黒のグラフィックスという、ミニマリストなデザインです。

New York
［アメリカ・ニューヨーク］

バーニーズ（BARNEYS）
660 Madison Avenue, New York, NY 10065
www.barneys.com
マディソンアベニューでいちばんアイコニックなお店です。店内には、超スタイリッシュな格好をするために必要なものがすべて揃っています。ハイエンドのデザイナー服、ビュープロダおしゃれなブーツなどが見つかるのです。オークのオリジナルコレクションの他に、アクネや、アレキサンダー・ワン、チープ・マンデーなどのブランドも扱っています。

オープニング・セレモニー
（OPENING CEREMONY）
35 Howard Street, New York, NY 10013
www.openingceremony.us

ここは、キャロルとウンベルトがオープンしたオープニング・セレモニーの第１号店です。私はもう、少なくとも１００回は入っていますが、それでも、毎回、驚きがあるのです。ディスプレイされているものは、ハンガーにかかっているものも、そうでないものもすべて、本当にクールでヒップです。ニューヨークに来たら、絶対に見逃したくないショップです！

アンソロポロジー（ANTHROPOLOGIE）
Rockefeller Center, 50 Rockefeller Ctr, New York, NY 10020
www.anthropologie.com

洋服、ランジェリー、アクセサリー、インテリアグッズなどを幅広く扱っています。アンソロポロジーに来ると、迷子になりそうです。そしてうれしいのは、これらすべてがとても求めやすい価格だということです。

カーナ・ザベット（KIRNA ZABÊTE）
477 Broome Street, New York, NY 10013
www.kirnazabete.com

本当のデザイナー小物が欲しいと思ったときに行くショップです。３．１フィリップ・リムの最新のハンドバッグや、シャーロット・オリンピアオリジナルのクラッチ、マストなプロエンザ・スクーラーのパンプスなどが入手できます。

ブックマーク（BOOKMARC）
400 Bleecker Street, New York, NY 10014

わーい！　この書店は、ニューヨークの私のお気に入りの裏通り（マグノリア・ベーカリーのそば）にあります。最新のコーヒーテーブルブック、充実したマーク・ジェイコブスの雑貨、そしてもちろん、マークお気に入りの本が揃っています。見て歩くのがとても楽しいショップです！

シュクレ・エヌ・ワイ・シー（SUCRE NYC）
357 Bleecker Street, New York, NY 10014
www.sucrenyc.com

オリジナルなジュエリーを探しているとき、シュクレは、いつもショッピングリストの上位に置いています！　エッジの効いた高級ジュエリーの他、大ぶりのステートメント・ジュエリーもあります。大好きです！

ニューヨークでおすすめのヴィンテージショップ

＊ ニューヨーク・ヴィンテージ（New York Vintage）117 West 25h St, New York, NY 10001
www.newyorkvintage.com
＊ レア・ヴィンテージ（Rare Vintage）24 West 57th St, New York Gallery Building, New York, NY 10019, www.rarevintage.com
＊ レザレクション（Resurrection）217 Mott Street, New York, NY 10012
www.resurrectionvintage.com
＊ コレット（Collette）1298 Madison Avenue, New York, NY 10128,
www.colletteconsignment.com

Online

［オンラインショップ］

ヴィンテージ
* www.vestiairecollective.com
* www.rewindvintage.com
* www.labellov.com
* www.rustyzipper.com
* www.designer-vintage.com

ハイエンド
* www.mytheresa.com
* www.net-a-porter.com
* www.farfetch.com
* www.shopbag.com
* www.brownsfashion.com
* www.luisaviaroma.com
* www.matchesfashion.com
* www.openingsceremony.us
* www.colette.fr

バジェットフレンドリー
* www.asos.com
* www.urbanoutfitters.com
* www.topshop.com
* store.americanapparel.eu
* www.etsy.com
* www.ebay.be

アウトレット
* www.theoutnet.com
（デザイナーアイテムが、最大 70 パーセントオフ）
* www.yoox.com

CHANEL

Huiles
d'Olive
Olive
Oils

Dior
Dior

Little Black Book リトル・ブラック・ブック

ファッショニスタだけが知っているワンランク上に見せるベーシックルール

発行日 2017年 3月 25日 第1刷

Author ソフィー・ヴァルキエー

Translator 和田美樹（翻訳協力：株式会社トランネット）
Book Designer 加藤京子（sidekick）

Publication 株式会社ディスカヴァー・トゥエンティワン
〒102-0093 東京都千代田区平河町2-16-1 平河町森タワー11F
TEL 03-3237-8321（代表）
FAX 03-3237-8323
http://www.d21.co.jp

Publisher 干場弓子
Editor 石橋和佳＋木下智尋

Marketing Group
Staff 小田孝文 井筒浩 千葉潤子 飯田智樹 佐藤昌幸 谷口奈緒美 西川なつか 古矢薫 原大士 蛯原昇 安永智洋 鍋田匠伴 榊原僚 佐竹祐哉 廣内悠理 梅本翔太 奥田千晶 田中姫菜 橋本莉奈 川島理 渡辺基志 庄司知世 谷中卓

Productive Group
Staff 藤田浩芳 千葉正幸 原典宏 林秀樹 三谷祐一 大山聡子 大竹朝子 堀部直人 井上慎平 林拓馬 塔下太朗 松石悠

E-Business Group
Staff 松原史与志 中澤泰宏 中村郁子 伊東佑真 牧野類 伊藤光太郎

Global & Public Relations Group
Staff 郭迪 田中亜紀 杉田彰子 倉田華 鄧佩妍 李瑋玲 イエン・サムハマ

Operations & Accounting Group
Staff 山中麻吏 吉澤道子 小関勝則 池田望 福永友紀

Assistant Staff
俵敬子 町田加奈子 丸山香織 小林里美 井澤徳子 藤井多穂子 藤井かおり 葛目美枝子 伊藤香 常徳すみ 鈴木洋子 住田智佳子 内山典子 谷岡美代子 石橋佐知子 伊藤由美

Proofreader 文字工房燦光
DTP 株式会社RUHIA
Printing シナノ印刷株式会社

ISBN978-4-7993-2054-9